デンタル小町は語る

女性歯科医師29人の診療と横顔

日本歯科新聞社

はじめに

女という字を縦に二つ並べると「𡚸《こう》」で、姣（うつくしい）の古字。横に二つ並べると「奻《だん》」で、二人の女が言い争うといった意味になり、三つをピラミッド形にすると「姦《かん》」で、女3人寄れば姦《かしま》しいで、やかましい、そうぞうしいという意味となる。

それならば女が29あったら何と読めばいいのだろう。

本書に登場するのは、『週刊日本歯科新聞』（日本歯科新聞社）の連載コラム「デンタル小町が通る」の執筆陣として文才を発揮してくださった全国で活躍する女性歯科医師29人。

2004年にスタートしたコラムは、年4人に執筆をお願いし、診療だけでなく、日々の暮らしでの葛藤や楽しい出来事なども交え、自由なテーマで書いていただいた。

2015年4月で12年目を迎え、執筆陣も10期目。開業医、勤務医、研究者など立場の異なる先生方で、総勢40人を超える女性歯科医師が登場してくださった。

今回の書籍では、診療所や開発製品などの写真（カラー）を交え、開業医や勤務医の先生には、診療現場での取り組みや経営者としての苦労点、独自に開発した製品などについて、そして、研究者の先生には研究内容や学生への指導の在り方などを、日々の活力となる趣味などの話も含めて執筆していただいた。

後半には、執筆者本人が選んだ日本歯科新聞連載コラムのお気に入りの一作も掲載している。

全国で活躍する「小町」の仕事ぶりは、女性歯科医師のみならず、開業医、研究者、歯科関連メーカー、次代を担う歯科学生などにとっての活力書となるのではないかと感じる。

本書発刊にあたり、多忙な中、執筆してくださった29人の小町の先生方に、あらためて謝意を表したい。

日本歯科新聞顧問　安岡裕喜

1 わたしの診療と横顔

開業医

1

わたしの診療と横顔（1）

開業医

写真撮影：Kazushige Nagaya

開業医 全顎的診断を大切に国内外で学び続ける

天川 由美子

Amakawa Yumiko

天川デンタルオフィス外苑前 院長

所属する学会・グループ◆日本補綴歯科学会、日本顎咬合学会、日本歯内療法学会、日本接着歯学会、日本審美歯科協会、日本アンチエイジング歯科学会、東京SJCD、港区麻布赤坂歯科医師会、Women Dentists Club（東日本支部長）、Penn Endo Study Club in Japan、American Association of Endodontists、Academy of Microscope Enhanced Dentistry
出身大学◆鶴見大学
著書◆共著『ホワイトニング　審美歯科のメインストリーム　歯界展望別冊』『コンベンショナルレストレーション』『ボンディッドレストレーション』編著『歯科衛生士のための審美歯科入門』（医歯薬出版）。その他、2004年より審美修復、接着、エンド関係執筆講演多数
影響を受けた本◆『陽転思考』小田全宏（日本コンサルタントグループ）、『ユダヤ人大富豪の教え』本田健（大和書房）、『女性の品格』坂東眞理子（PHP研究所）など
座右の銘◆山に登れば違う山の頂上も見える
人物評◆スタッフ「高い山を目指す登山家のようにストイックで努力家。しかも山を登ったらまた違う山にも登ろうとする」

癒やしの空間をコンセプトに作った受付。おしゃべりをしていく患者さんも多い

天川デンタルオフィス外苑前

東京都港区
従業員数◆５人
ユニット数◆２台

患者さんと一生のお付き合いを

大学を卒業後、補綴科の大学院に進み、支台築造を中心に接着歯学について研究。その後、一般開業医に勤務しながら、審美・ペリオ・エンド・インプラントなどについて学んできました。開業前に勤務していた歯科医院の院長は非常に勉強熱心で、国内外の学会に参加し、自由診療を中心に手掛ける歯科医師の中ではトップクラスの方でした。院長から学んだのは、全顎的に診査診断を行うことの重要性と患者さんとの長期にわたる信頼関係の構築です。

卒業13年目の２００７年、「癒やしの空間で的確な治療を」をコンセプトに、港区北青山の外苑前駅近くで開業。来院された全ての方にリラックスした状態で一口腔内単位での検査やカウンセリングを受けていただき、コンセプトや治療計画に納得していただいた上で最高の治療を行う、そんな環境を提供していきたいと考えて日々診療しています。患者さんと一生のお付き合いをすることが私の夢です。

▲海外の研修会ではさまざまな国の先生と意見交換できるのが楽しい
▼開業５周年パーティーでは日ごろお世話になっている方と楽しい時間を過ごした

分かりやすい説明への配慮

現在は主に、マイクロスコープを使用した歯内療法や審美修復治療を中心とした治療を行っています。当院のウェブサイトで症例などを数多く紹介しているせいか、「マイクロスコープで根管治療をしてほしい」「正中離開をコンポジットレジン修復したい」など、マニアな患者さんが増えています。また私が女性歯科医師のせいか、歯科恐怖症の方も非常に多いと感じています。そのような方が求めているのは「優しい雰囲気と分かりやすい説明」ではないでしょうか。

当院では、全ての患者さんの初診時口腔内写真や自由診療の術前・術後写真を保存しています。実際の症例をお見せしたり、スタッフが作ってくれた説明ツールなどをお渡ししたりすることで、治療に対して理解していただけるよう努力しています。また、マスクやグローブを外してあいさつすることや言葉遣いなどにもスタッフ皆で気を付けています。

一番うれしいのは「ご家族の紹介」

開業から8年、患者さんと一緒に喜んだり、悩んだり、叱られたり、いろいろなことがありました。

一番うれしいのは、患者さんがご家族を紹介してくださった時です。例えば、長く通ってくださる男性が、まず彼女を、そしてその彼女がお母さまを紹介してくださいました。「この間、お母さまがメインテナンスにいらっしゃったよ」などと会話できることが本当にうれしいです。

また、ある女性の患者さんは、ホワイトニングと審美修復治療を行った後、転職、ご結婚とおめでたいことが続き、「ここで治療をしたおかげです！」といつも言ってくださいます。彼女も自分のお母さまとだんなさまを紹介してくださいました。こんな関係が増えていくのを、これからも楽しみにしています。

コーチングやブログで赤字脱却

開業から1年くらいは毎月赤字で、夜も眠れない日が続きました。働いていても赤字になることがあるんだと、あらためて独立する厳しさを知りました。何が足りないんだろうと自問自答し、コーチングスクールに行ったり、毎日歯に関するブログを書いたり、おごってくれる人としか食事に行かないで節約(?)したりしていました。当時学んだコーチングは、コミュニケーションスキルが上がっただけではなく、人に対する接し方や考え方を大きく変えました。またブログをきっかけに来院してくれる方も増え、1年半を過ぎたころからだんだん落ち着いていきました。あのピンチが今のところ最大のピンチですが、乗り越えるためにいろいろやっていたので、どれが本当に効果があったのかは分かりません。振り返ってみると、「私のコンセプトは間違っていないはず」「いい仕事をしたい」という気持ちを強く持ち続けたことなのかなと思います。

スタッフとはコミュニケーションを密に

スタッフとは、毎朝のミーティング、月に一度のランチミーティングを行い、診療に対する目標を明確にし、患者さんや治療に対する情報共有を心掛けています。一緒に勉強会や講演会に参加して仕事に対するモチベーションをアップするのはもちろん、お誕生会などでおいしいお店に行っておしゃべりしたりするのも大切なコミュニケーションの一つだと考えています。

私は自他共に認める、仕事に対して非常に厳しい院長です。こんな私をサポートしてくれるスタッフにはいつも心から感謝しています。

アメリカのトップ女性歯科医師と

学会ついでに旅行も

気の置けない仲間とおいしいものを食べて飲んで笑うことで元気をチャージしています。また、国内外で開催される学会などのついでに旅行（どちらが本命かは「?」ですが）に行くのもストレス発散の一つです。海外の学会では多くの友人もでき、今でも交流が続いています。

WDC立ち上げに参加

会長の林美穂先生はじめ、Women Dentists Clubのメンバーと

2009年、女性歯科医師だけのスタディークラブ“Women Dentists Club”の発起人の一人として立ち上げに参加し、東日本支部長となりました。勉強会に参加したことがない先生も多く、最初は写真の撮り方やパソコンの使い方から始まり、手を挙げて発言する人はほとんどいませんでした。しかしその後、若手からお孫さんがいるような年代の先生までいろんな方が入会してくださり、何でも言い合える非常に楽しい会に成長しました。支部長としてどのように会をまとめていったらいいのか悩んだ日々も今では懐かしく思えるほどです。

歯科医師の仕事は技術職で、一生勉強し続けていかなければなりません。一方で、確実で新しい技術とともに、良い治療を行うためにはコミュニケーションがとても大切です。私はいくつか学会やスタディーグループに所属していますが、今までの勤務や勉強会、講演会などで得たさまざまな知識や情報、技術とともに、何より大切な多くの患者さんや歯科医師、スタッフ、師匠、友人たちに出会えたことが大きな収穫だと思っています。これからもそんな出会いを楽しみに過ごしていきたいです。

開業医──障がい児や高齢者の訪問診療にも注力

石塚　ひろみ

Ishizuka Hiromi

オウル歯科 院長

所属する学会・グループ◆日本摂食リハビリテーション学会、国際抗老化再生医療学会、日本臨床アンチエイジング研究会、POIC研究会、NPO法人摂食コミュニケーション・ネットワーク、埼玉県障害者歯科相談医、日本糖尿病協会登録医

出身大学◆日本大学歯学部

人物評◆歯だけではなく、からだのしくみや健康、栄養、美容などに話が広がってしまい、「面白い」「歯医者らしくない」「変わっている」と言われます。患者さんへの引き出しを増やすべく、セミナーもどんな分野を受けているのか想像がつかないとも言われます

オウル歯科

埼玉県草加市
従業員数◆10人
ユニット数◆3台

「お口はからだの玄関」との思いで

当院は2015年6月まで、超高齢化の波が押し寄せる日本の縮図のようなシャッター商店街にありました。約半世紀前に父が開業したころは街もにぎやかで、歯科医師も少ない時代で行列ができていたそうです。しかし、父が急逝して私が戻ってきた時には、患者さんの約90%が高齢者。ユニット上の患者さん同士が話し込んだり、いびきをかいて昼寝をしてしまったりのマイペースぶり。お口の中は「先生におまかせ」のプラークだらけに、真っ平らにすり減った人工歯、接着剤で張り合わせたモザイクのような義歯等、都内で勤務医をしていた時には考えられない状況でした。1年目で総義歯の数は勤務医時代の経験を上回り、高齢者医療にドップリはまっていきました。

そのような中、多くの高齢者を診ていると「どうして、こんなに体が曲がっているのか?」「どうして、こんな歩き方になってしまうのか?」「どうして、こんなに薬を飲んでいるのか?」と多くの疑問を持つようになりました。もともと、自分自身もバセドー病に

駅前の緑あふれる公園を正面に、内科と整骨院が隣接している

子宮筋腫（8センチ大）に謎（?）の皮膚炎があったこともあり、健康づくりには興味があったのですが、解剖学や発生学、皮膚科、栄養学、美容エステや整体などジャンルにこだわらず情報を集め、セミナーにも参加するようになりました。

歯科の分野では、『アポロニア21』に連載されていた笠茂享久先生や氏家賢明先生には、自ら患者としても多くの知技を学ばせていただきました。一見全てがバラバラの情報に思えるような知識が「からだ」を通して結び付いてくるのが楽しくてたまりませんでした。同時に患者さんからも歯のことだけではなく「からだ」の相談を受けることが多くなり、当院のモットーである「お口はからだの玄関」につながりました。

そして2015年7月に、駅前の緑あふれる公園の前に移転をし、名称も父の好きだったフクロウから「オウル歯科」と変えました。以前は「田中歯科の石塚です」と名乗ると勤務医と思われることも多かったのです。女性開業医の場合、名字やあまりに女性っぽい診療所名にすると、継承時などに困りそうです。

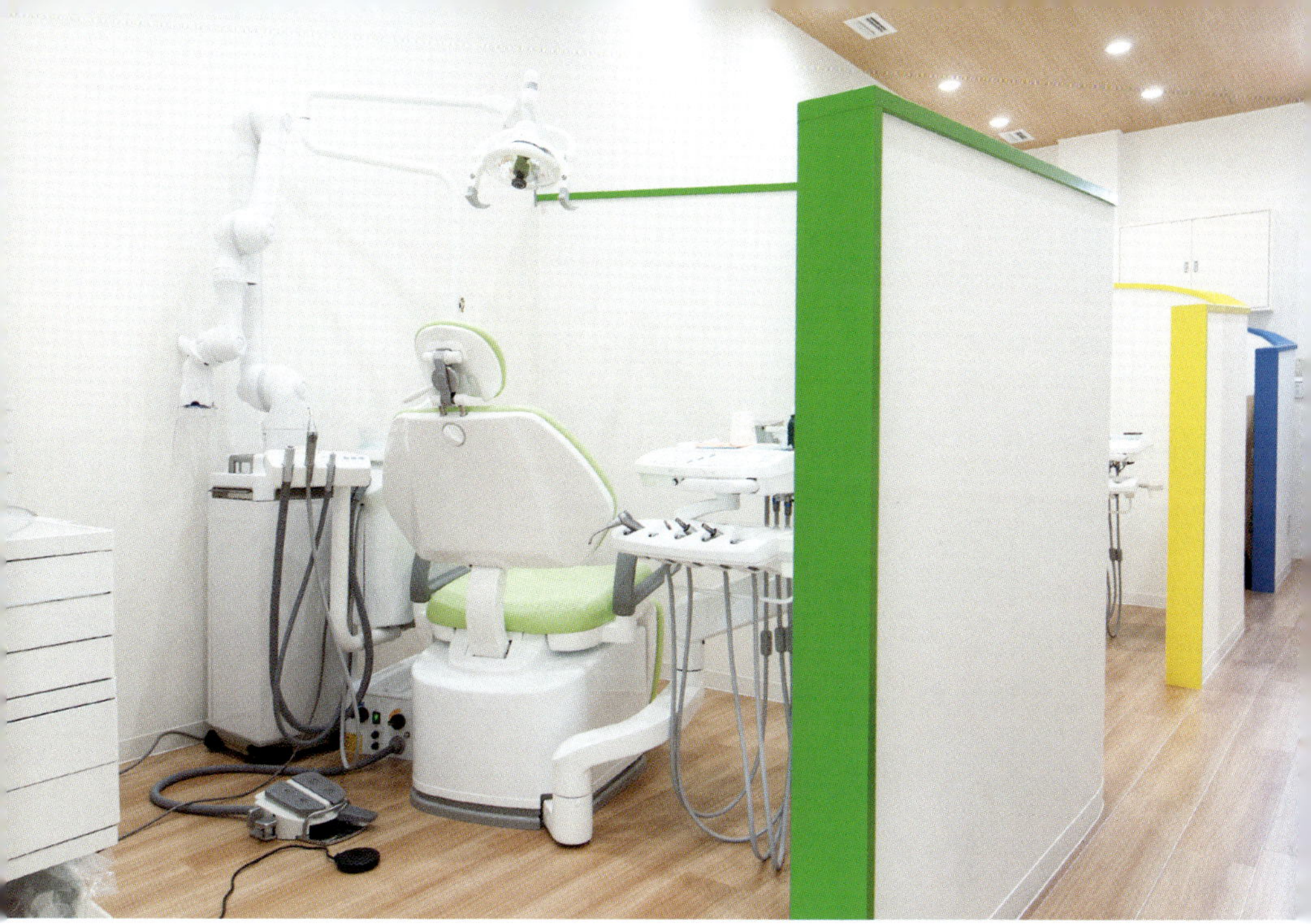

高齢者・障がい者が多いことと、スペースの問題から土足としたところ好評。床材等は友人の建築家の配慮で、雨の日でもすべりにくく、汚れないものを選んだ

患者さんの笑顔に元気をもらう

現在は、都内法人でも障がい児訪問診療などを行いながら、2~103歳までの幅広い層の患者さんと接する毎日です。特別支援学校の校医もしているので、知的障害や重度障がい児も拝見していますが、彼らの診療が終わった時の得意気な笑顔や力強いハイタッチは私の最高のエネルギー源です。

お口が開かなかった難病の少年が口腔ケア後に、文字盤で「気持ちがいい・あ・り・が・と・う・ご・ざ・い・ま・す」と示してくれた時は、「続けていて良かった」との思いと感謝で涙が出そうになりました。

高齢者との関わりも楽しく、教わることも多くあります。抜歯をする際には「卒業式」と言って、その歯

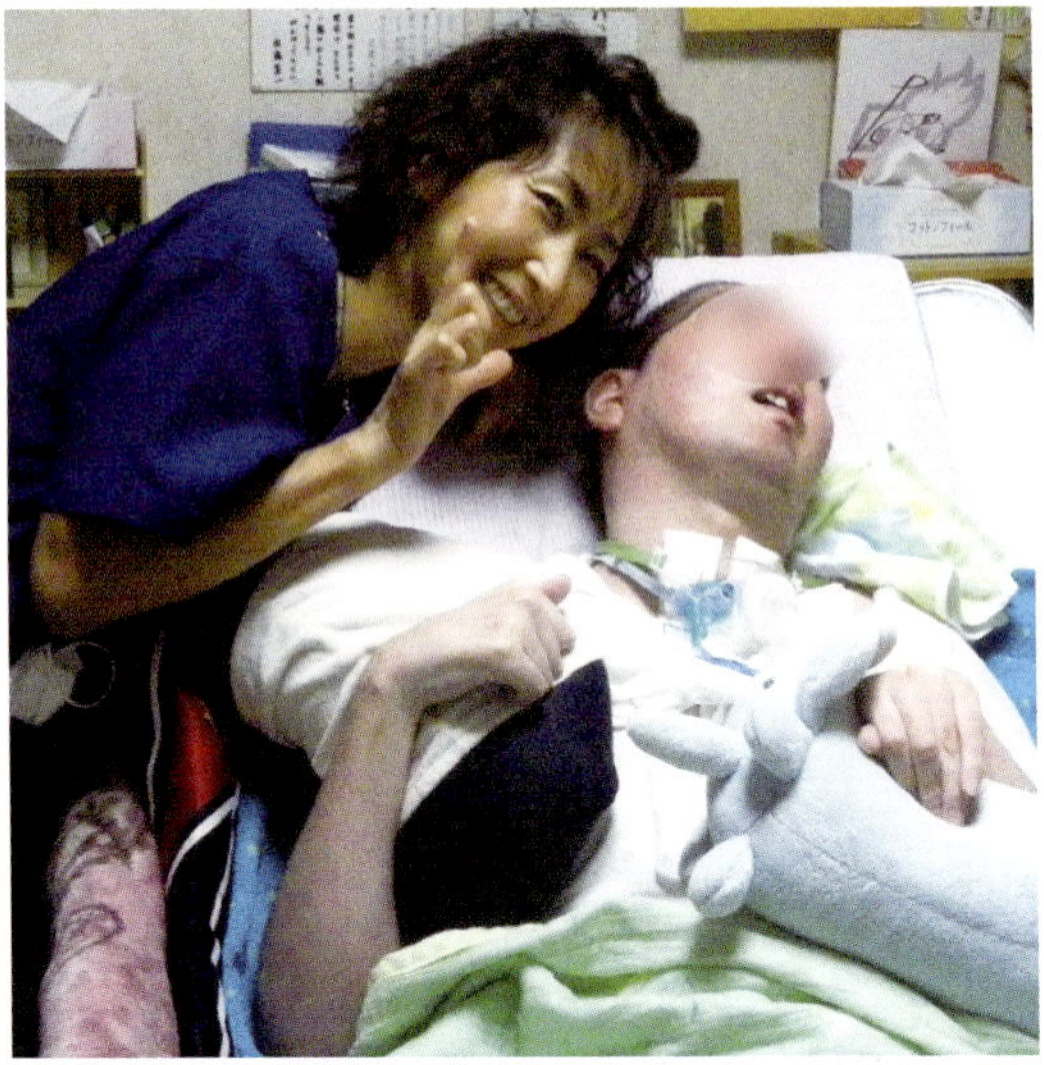

2～103歳までの訪問診療は私のベース

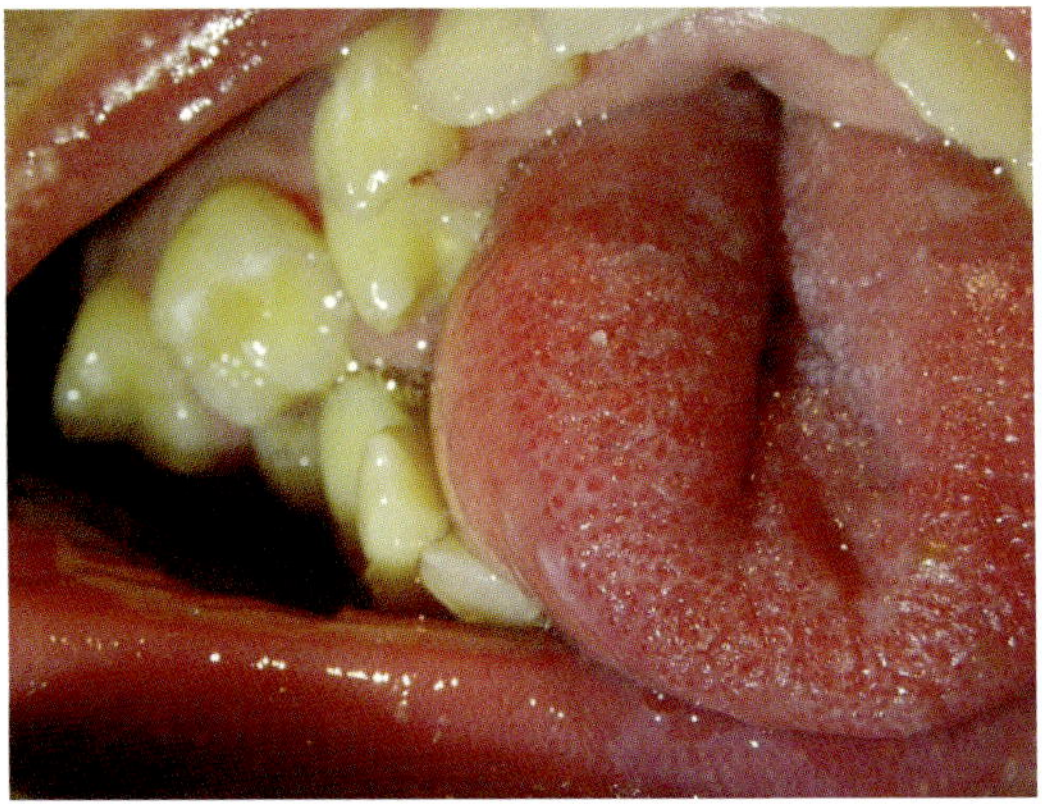

対合歯肉に歯が陥入して出血してしまった、難病の障がい児のケース。「医科では口腔内まで診てもらえない。分からないと言われる」というご家族が多い

が何歳くらいで生えたかをお伝えしているのですが、そうすると、多くの方が「そんなに頑張ってくれたのか〜」と言ったり、子供のころのことを懐かしく語り出す方もいらっしゃいます。

訪問診療での配慮

訪問診療にも力を入れ、在宅療養支援診療所として1週間で30人前後の患者さんを拝見しています。患者さんの中には「歯医者嫌い」の方も多いのですが、自宅のベッドの上では逃れようもないので、心の内ではたまったもんじゃないでしょう。そのような方のためにも、いきなりお口の中を診るのではなく、まずはお話をじっくり聞いたり、様子をうかがわせていただき、手先や肩に触れることから始め、怒りや緊張を鎮めるように努めます。これは当院のモットーでもある「お口はからだの玄関」に示すように、「いきなり見ず知らずの人間が玄関に入り込んで来たら驚くのが当たり前」との考えからです。外来では腰や首の曲がり具合によってユニットのヘッドレストの位置や座位、倒し方（腰痛の他にメニエル病や頭位変換眩暈などもあるため）なども、スタッフにも配慮してもらうようにしています。

また高齢者＝有病者を念頭に、体はもちろん、お薬や認知症、飲み込み（嚥下）の状態などを細かく尋ね、気になることがある場合には、外来でもケアマネジャーなどに連絡をまめにするようしています。おかげさまでケアマネジャーご本人やご家族も来院してくださるようになりました。これからも患者さんに寄り添う存在でありたいと思っています。

パラリンピック選手を支援

さまざまな人のつながりから、パラリンピック出場者などの障がい者アスリートの咬合調整なども行うようになりました。それまではテレビなどで観て「スゴイなぁ」と感心していましたが、その背景のもっとたくさんの「スゴイ！」を知ると、とびきりの笑顔とパフォーマンス向上の応援をせずにはいられません。東京パラリンピックに向け、ジュニアも熱くなってきています！　歯科医師ならではのサポートを続けていければと思っています。

1

開業医 一歴史の街・京都を健康面から支える

岩崎 万喜子

Iwasaki Makiko

岩崎歯科医院 院長

歯学博士（大阪大学）
所属する学会・グループ◆日本矯正歯科学会（認定医）、日本臨床矯正歯科医会、日本スポーツ歯科医学会、アメリカ矯正歯科学会、京都府体育協会（理事）　等
出身大学◆大阪歯科大学
著書◆『健康づくり政策への多角的アプローチ』河合美香・共著（ミネルヴァ書房）
座右の銘◆歯の道一筋

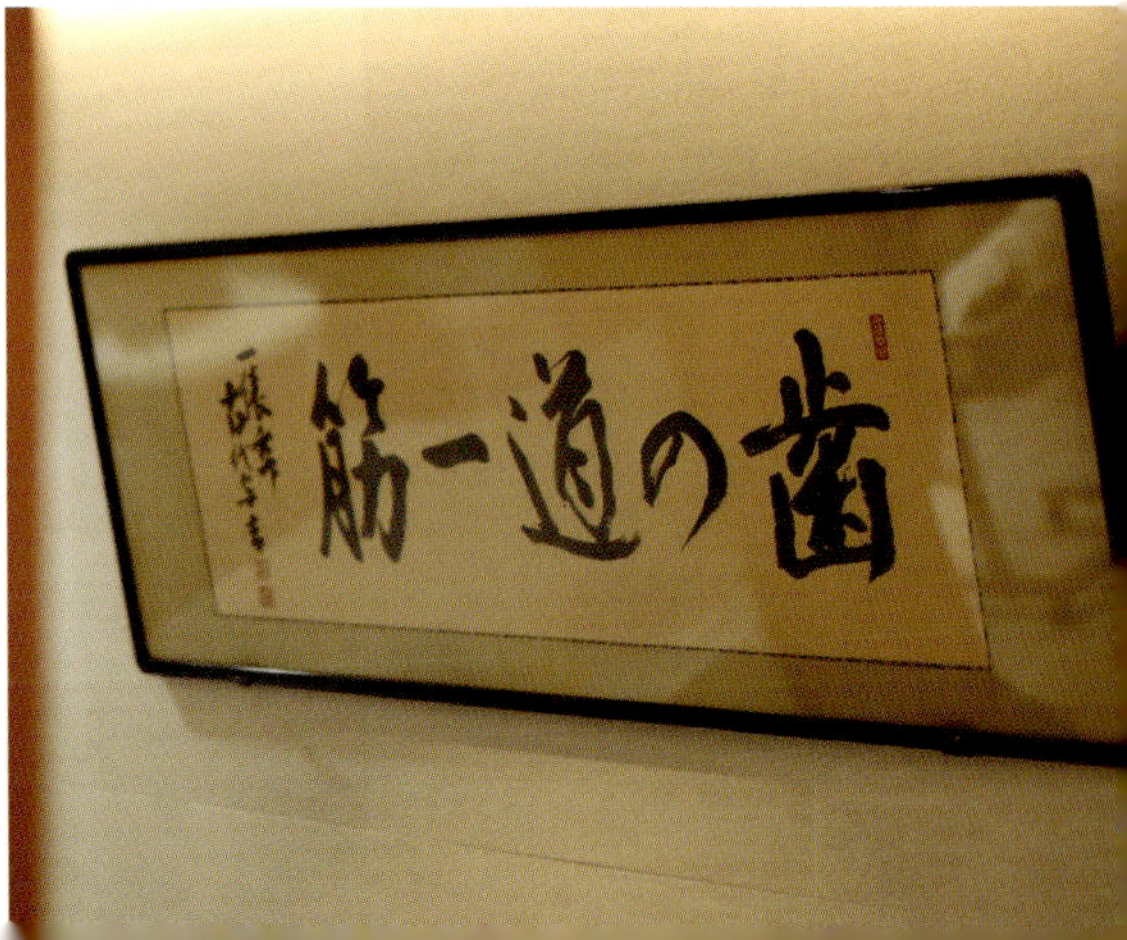

岩崎歯科医院

京都府京都市
従業員数◆14人
ユニット数◆5台

京都では新参の3代目

当院は京都の真ん中、京都市中京区にあります。四方を二条城や神泉苑など有名どころに囲まれ、夏には祇園祭でにぎわうなど、今でも歴史と伝統が息づく由緒ある土地柄です。ですから患者さんも先祖代々永くこの地に住む方々が多く、中には千年以上続く家系の方もおいでになります。

祖父がこの地に当院を開業したのは90余年前、１９２３年（大正12年）ごろと聞いています。祖父は京都の生まれではありません。実家は島根県の貧乏郵便局で、家族を養うために京都に出稼ぎに来たそうです。

ところで京都人は、本音と建前を使い分け、人当たりはいいけれど決して本心を明かさない、排他的で付き合いづらい人種として有名です。けれども私が知る限りの京都人はそうではありません。

ご存じのように京都は１２００年以上続いてきた歴史の町。その間、民衆はあまたの戦乱を経験し、簡単に交代する時の権力に翻弄され続けました。その結果、

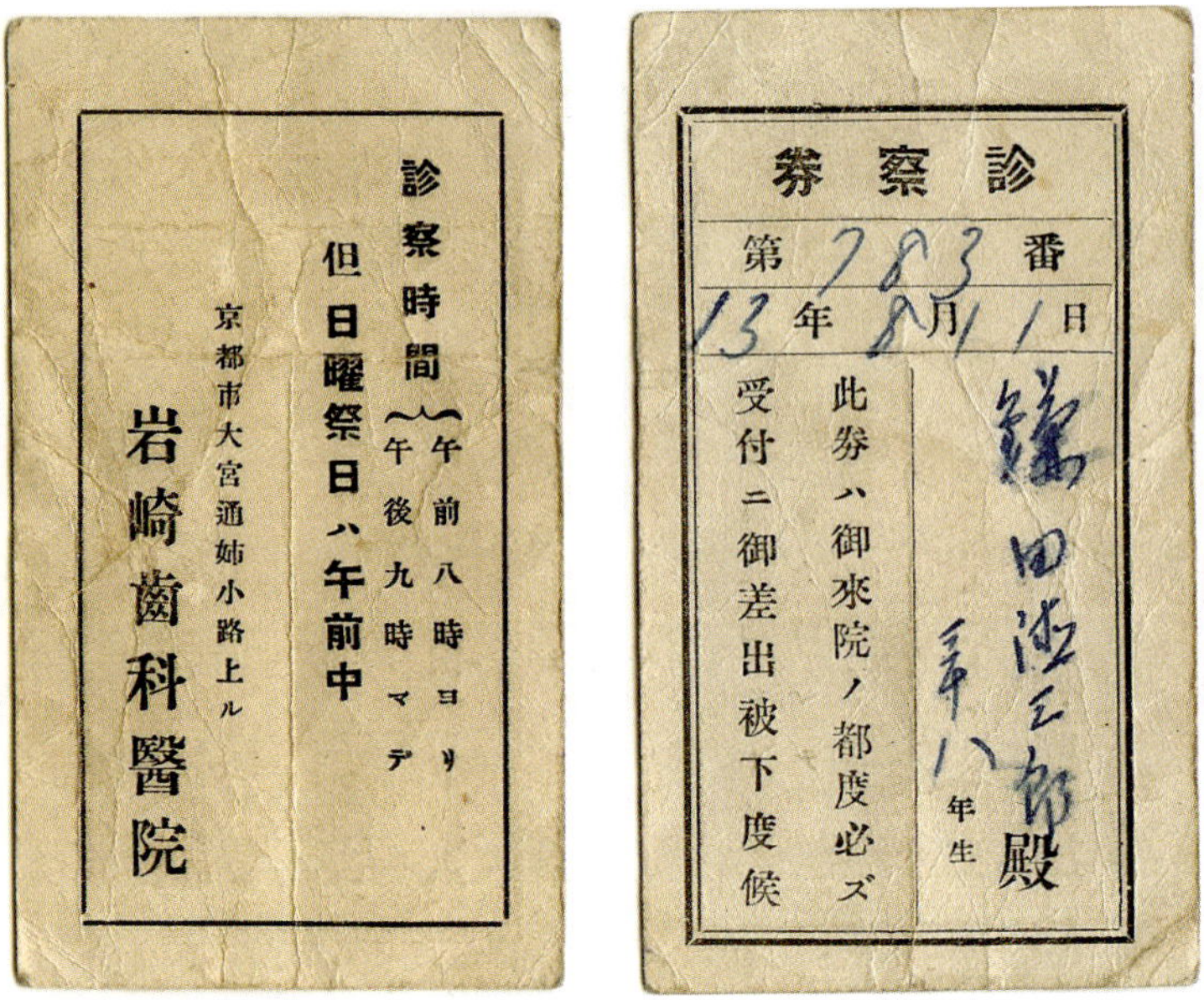
診察時間 午前八時ヨリ 午後九時マデ
但日曜祭日ハ午前中
京都市大宮通姉小路上ル
岩崎齒科醫院

診察券
第783番
13年8月11日
此券ハ御來院ノ都度必ズ受付ニ御差出被下度候
年生 殿

大正13（1924）年当時の診察券。休みが日曜日の午後しかなく、祖父は平成の歯科医師以上に働いていた

祖父・岩崎重一　島根県益田市出身。若いころから働いて家族を支えた

お互いを助け合い、大切にした方が、絆が強固となって生き抜いていけると学んだのです。祖父は一文無しで田舎から出てきましたが、苦学の末に歯科医師となり、生粋の京都人である名家の祖母と結婚し、京都の篤志家の方に経済的に助けていただいて開業することができました。祖父はそんな京都が好きで、生涯を京都で過ごすことを望んだようです。

　開業92年（2015年時点）の当院ですが、1千年以上の歴史を持つ古都においてはまだまだ新参者です。京都の方々が、次の1千年に向けて、何世代にもわたって健康で暮らしていけるように、祖父、父から

診療室風景。壁には友禅職人の古代與吉氏（故人）から寄贈された『歯の道一筋』の額縁が飾られている

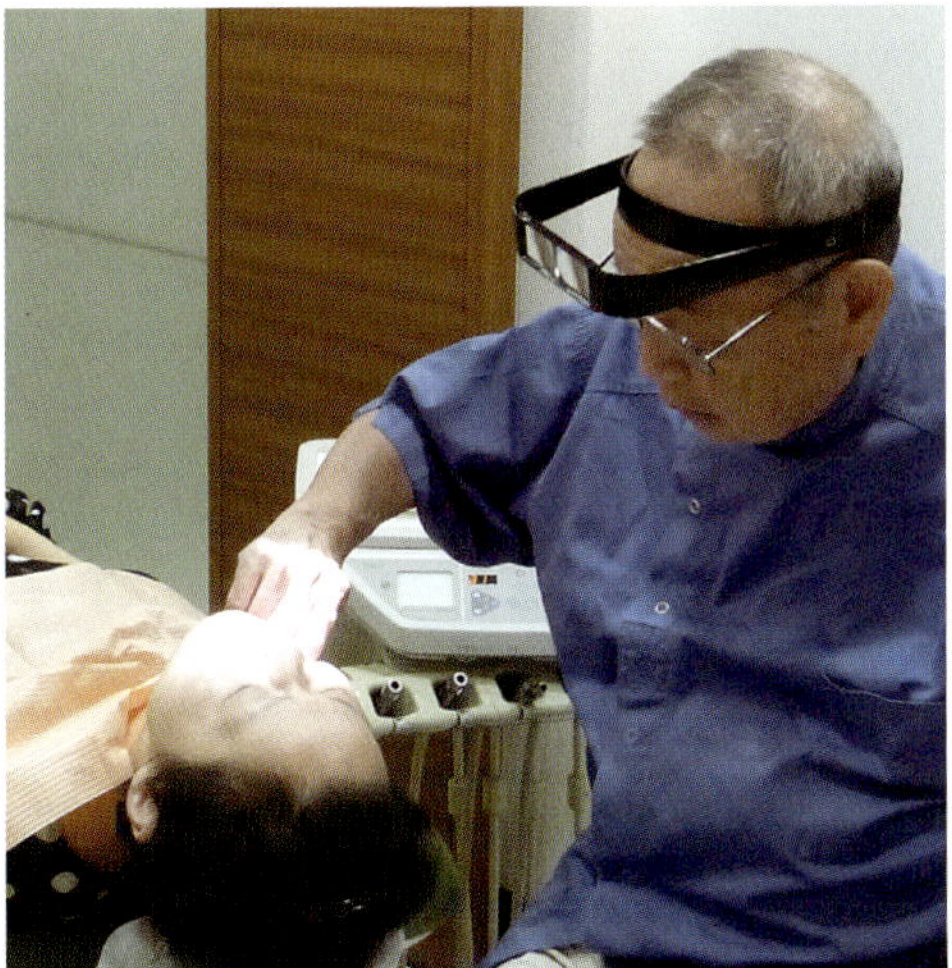

2代目の岩崎重信。81歳。今でも現役で、ほぼフルタイムで診療している。飲みに行くとパワーが出るそうだ

薫陶を受け、継承してきた基礎を大事にする歯科医療を実践していくことが私の使命だと考えています。

〝予防第一〟

当院の治療は、まず〝予防を第一に〟と考えています。全ての患者さんが８０２０を達成できるよう、ＴＢＩを含め歯周治療をしっかりと行い、補綴処置を行うことで咬合を確立して患者さんのＱＯＬを高めます。そ

▲OBを含めた忘年会。毎年年末には必ず集まってお互いの近況報告を行っている
▶夫と。共働きのため普段はすれ違うことが多い。気分転換も含めて休暇はよく旅行に出掛ける

の後は予防を継続し、長期間にわたり歯科衛生士さん中心でメインテナンスを行います。当院ではこの予防中心の方針を30年以上前から始めています。そのため、現在81歳の父の診療を信頼してくださり、遠方から長くメインテナンスで通院されている患者さんも多数いらっしゃいます。一方、診断や治療の精度を向上させるための設備投資は惜しまず、CTや最新の医療機器の導入にも積極的に取り組んでいます。

選べる働き方

スタッフが総勢15人前後になる当院にとって、チームワークの向上は極めて重要な課題です。そのため、採用時には経験・能力を吟味することはもちろん、組織の一員として活躍できる人かどうか等、性格的な評価も重視しています。また、スキルアップのための講習会、モチベーションアップのための飲み会や忘年会、全員で行く旅行などの院内行事も欠かさず実施して、交流を深めるようにしています。また、家庭のある女性スタッフには希望に応じてフレックスタイムを導入し、仕事と家庭を両立できる働きやすい環境を整えています。現在では、約3分の1の歯科衛生士さんがフレックスタイムを利用して仕事を続けています。

欧州では「男女平等に参加してこそ健全」

国家試験に合格した時は「これで一生大丈夫！」と私は自信満々でした。ところが仕事を始めてみると周りは全て男性ばかり。男性社会の中で何かと相談できる女性の同僚や先輩がほとんどいなくて、いろいろと苦労しました。

今では女性の社会進出が進み、女性歯科医師も急増しています。その一方で歯科医師会や大学の同窓会で活躍する女性歯科医師は数少なく、日本歯科医師会への入会率も9％台にとどまっているのが現状です。これは高度成長期に男女の役割分業が進んだ結果、世界と比べて女性の社会参画が遅れていることが大きく影響していると考えられます。

欧州では、社会は男女が平等に参加してこそ健全であるという強い信念があるそうです。日本は最近、政府の政策もあって状況改善の期待はかかるものの、課題はまだまだ山積していると思います。

私の㊙のパワースポット

私のパワースポットは律院という天台宗のお寺です。比叡山の東の山麓、滋賀県の坂本にあります。門のすぐ右手には叡山ゴケに覆われた見事な池泉回遊式庭園があって、参道を進むと、桃山時代に淀君が建てたという本堂が見えてきます。境内は静寂そのもの。小さなお寺ですが、ここには清冽で森厳な、力強い雰囲気が漂っているのです。

それもそのはず、ご住職の大阿闍梨さまは「千日回峰行」を成し遂げたお方。比叡山を毎日30キロ、千日間休みなく歩き続ける天台宗最高の荒行で、9日間の断食、断水、不眠、不臥の行が含まれます。満行した方は千年間で50人余しかいないそうです。このお寺には、大阿闍梨さまの〝気〟が満ちあふれていると感じるのです。

皆さまもぜひ一度参拝されてはいかがでしょうか。大阿闍梨さまのパワーで、患者さんは急増、歯科医院は大繁盛、そのまま千年栄えること間違いなし、です！

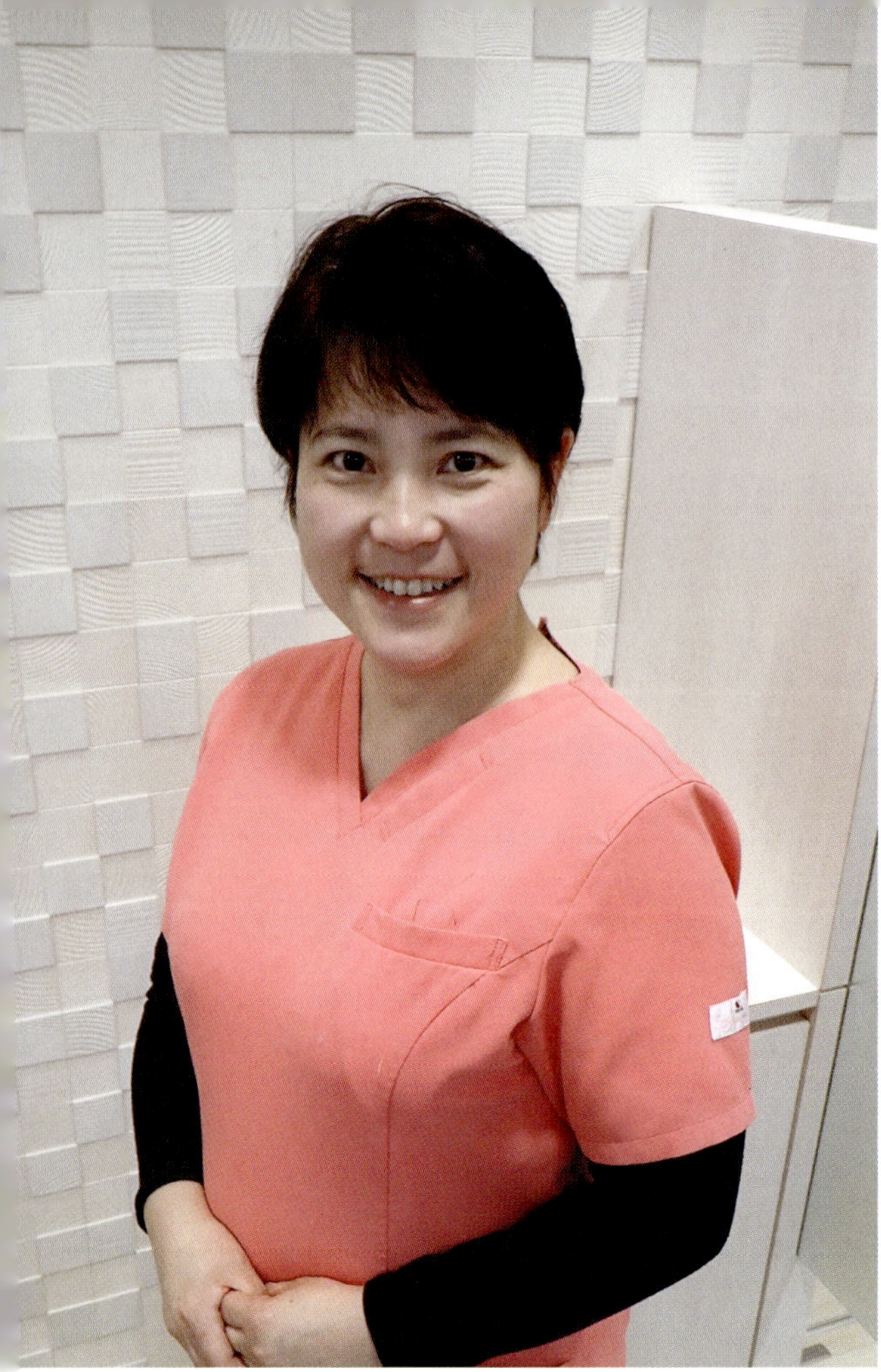

開業医――口腔ケアを通し、人を幸せにしたい

大原 庸子

Oohara Yoko

パール歯科クリニック 院長

所属する学会・グループ◆世田谷区歯科医師会、床矯正研究会、日本小児歯科学会、日本フィンランド虫歯予防研究会、Star Hill Therapy Association（顎拡大療法）
出身大学◆鶴見大学歯学部
座右の銘◆ココ・シャネル「20歳の顔は自然の贈り物。30歳の顔は自分の生きざま。50歳の顔はあなたの功績」
影響を受けた本◆『運命を切り開く 戦国武将の100の言葉』丸茂潤吉（彩図社）、『「なんでだろう」から仕事は始まる！』小倉昌男（講談社）、『目標達成の技術』青木仁志（アチーブメント出版）、『グラッサー博士の選択理論』ウイリアム・グラッサー（同）
人物評◆スタッフから「情熱家、全力投球、チャレンジ旺盛、人を大切にする」「思い込みが強い時がある、周りが見えなくなる」「時間にルーズ（診療時間が延びる）」

パール歯科クリニック

東京都世田谷区
院長　大原健一・大原庸子
従業員数◆15人
ユニット数◆6台

医院の3つの特徴

①担当医・担当衛生士制度　担当の歯科医師、歯科衛生士が、初診から治療終了後のメインテナンスまで支えます。

②子育て中のママさんを全力でサポート　コンセプトは「子供が喜ぶ歯医者さん」。歯科に行く時間がないお母さんを全力でサポート。治療中にスタッフと子供部屋で一緒に遊んでいるうちに、2歳児がいつの間にか一人でユニットに座れるようになります。

③予防歯科　唾液検査で未来を想定し、今自分にできる予防歯科を提案。クリーニングもキーリスクの歯を重点的に行います。患者さん自身によるホームケアが充実した未来を生み出せるようにお手伝いするのが医療従事者の役割だと考え、情報提供を行っています。

子供部屋やイベントを通じ情報提供

■地域貢献

職場体験や予防歯科、食育をテーマとした講演を通して、歯科が人を幸せにする場所であると伝えています。初来院でも当院を知っている方が多く、紹介が多いのもこうした活動の賜物と感じています。

■自慢の子供部屋

コミュニケーションを大切にする子供部屋。見知らぬ子供同士、助け合いが生まれます。高学年の子が低学年の子の宿題を見てあげたり、子供を通してお母さん同士が仲良くなる、子育てママの悩みに経験豊富なベテランスタッフがアドバイスをするなど。

■季節ごとのイベント

スタッフ、患者両方への教育の機会と考え、桜まつり、七夕、ハロウィーン、クリスマスなどのイベントを開催。スタッフは学んだ予防歯科の情報を伝え、患

子供部屋。テレビやビデオがなくても子供たちは自分たちで想像し、遊びを発見する

相手に関心を持ち、相手の大切なものを大切にする診療室

者側も情報を五感で感じ、頭に残ります。

人を幸せにする歯科医師に……

開業当初、使い込んだ入れ歯が合わず、よく調整に来たおばあさんがいました。ある時、「今までありがとう。先生の瞳は本当にきれいね。会えてうれしかった」と言って帰られました。その後、しばらく来ないと思っていたら、ご家族から眠るように息を引き取ったと連絡がありました。涙が止まりませんでした。

人生の終わりに関わった私に感謝を伝えたおばあさん。人の一生の始まりから終わりまで、口腔ケアを通して、人を幸せにする歯科医師になろうと決意するきっかけになりました。

代々木ゼミナールの名誉校長を務めていた祖父は、持病があり、いつも生と死のはざまで、生きている今を大切にしていました。

「教師や大人に純情、熱情、若々しい鋭い感性、けがれない良心、同感があれば、必ず子供は感動を受けます。感動のないところに、感化はありません。教育は人間との共鳴に出発すると存じます」（緑丘中学校

ＰＴＡ会報　昭30・３・15）
私は、この５つの精神をとても大切にしています。

経営危機を乗り越え

２０１４年、医院が経営破綻寸前になりました。原因は過剰人員と消費増税による一時的な売り上げの減少、Googleのハミングバードの影響です。顧客ニーズに応えるための人員増加でしたが、アポイントが激減する中、経営を圧迫し、士気の低下も起こりました。周囲から「人員削減・整備、休日診療開始、診療時間の延長、給与削減」を勧められ、毎日悩みました。

私の望みは「誰もやめさせない（スタッフは私の家族で宝だから）」「診療時間の延長、休日診療をしない（自分も家庭との両立が難しいのだから、スタッフも同じ）」でした。そこで、経営構造の見直しを「解雇は最後の手段。できるという信念が現実を創り、経営者があきらめなければ打つ手は無限。私にはできるイメージが湧く」と説いた経営コンサルティング会社キンダーガーデンの浦濱隼人さんにお願いしました。医院は毎月１５０万円の赤字で、３カ月で月３５０万円アップが必要だということになりました。

医院立て直しに取り組んだ中で、売り上げに最も効果を上げたのは歯科衛生士による補綴カウンセリングです。衛生士がカウンセリングの提案をしている際、ドクターは次の患者の診療に集中でき、非常に能率が上がりました。また、ドクターの堅苦しい説明より、患者さん目線で、若くかわいい女性に言われると、つい心が動く……といった具合に自費も増えました。

私にもスタッフにも激動の90日間でしたが、解雇も時間延長もなく、利益を黒字化することができました。過酷でしたが、良い経験をしたと思います。

先輩女性歯科医から学ぶ

私自身、子育てしながらの仕事はとても大変だったので（院長の夫と交代制にすることで両立できました）、スタッフには長く勤めてもらえるよう、産休、育児休業制度、有休を取れる環境をつくったり、お互い手助けできるようシフトを調整しました。

世田谷区歯科医師会にも女性会員は多くおり、先輩方から苦労を乗り越える手段を学ぶことができます。

当院で作った食育の本

当医院で配布している６歳臼歯と前歯部と食育をテーマに作成した絵本と、スタッフが作成したキシリトールの絵本です。ご要望があれば送付します。

主婦から一転、父親の跡を継ぎ、お手伝いの先生を探し、時間を見つけて技術を上げる努力をしてきたこと。ママ友に受付や消毒をしてもらったこと。とにかく人のネットワークで乗り越えること。嫌だという選択肢は選べないのだから、と明るく話してくれます。

どんな状況だろうと、必ず助けてくれる人はいる。見ようとすれば周りが見えてくる。会に加入して良かったと思います。

日本はまだ男性社会で、ちょっとした言葉に悩み、泣くこともたくさんありますが、自分を大切にすることでずいぶん救われました。苦しい経験があるからこそ、人の心の痛みを理解できるようになります。女性の真の美しさは、知恵と経験から生まれると思います。

私を支えてくれるもの

わが子の笑顔はもちろん、「あなたに出会えて良かった」の一言がうれしいです。10年通ってきたおじいさんの足が悪くなり、体調も崩されたので、「もう通院は無理かな」と思っていたら、車いすで来て「会いたかった」と言ってくれました。歯医者冥利に尽きます。

開業医 — 女性目線の生活密着型予防歯科

倉治 ななえ

Kuraji Nanae

写真提供：主婦の友社『ゆうゆう』／撮影　井坂英彰

医療法人社団仁慈会 クラジ歯科医院 院長
テクノポートデンタルクリニック 勤務

所属する学会・グループ◆日本フィンランドむし歯予防研究会、日本アンチエイジング歯科学会、全国小児歯科開業医会、日本小児歯科学会

出身大学◆日本歯科大学

著書◆『子育て歯科』(デンタルフォーラム社)、『はじめての歯みがきレッスン』(PHP研究所)、『歯並びのよい子に育てるために』(わかば出版)、『歯がいい人はボケにくい』(角川SSC新書)、『子育てできれいな歯並びを』(主婦の友社)、『図解　むし歯・歯周病の最新知識と予防法』(日東書院)　他

大田区大森東一丁目団地の中にあるクラジ歯科医院

医療法人社団仁慈会 クラジ歯科
東京都大田区
ユニット数◆4台

テクノポートデンタルクリニック
東京都大田区
ユニット数◆6台

従業員数◆両院合わせて19人（常勤10人、非常勤9人）

予防中心のホームドクターが夢

開業して32年。赤ちゃんから高齢者まで、家族で通えるホームドクターを目指して診療室づくりをしてきました。早くから、歯科衛生士による歯周管理は担当制を敷き、大学病院から歯周病専門医を招くなどして、スキルアップに努めてきました。現在は、歯周病学会認定歯科衛生士の主任が中心となって、企業の商品開発や評価に協力したり、後輩の教育に当たったりしています。

1997年、キシリトールが日本でも食品添加物として認可されたことをきっかけに、フィンランド研修に9回参加して、開業医目線の予防歯科情報の発信医院として、スタッフ、患者さんとともに予防の普及、実践に力を入れてきました。

「医者が推す医者こそが真の名医」との信念に基づき、口腔外科、インプラント、歯周病、矯正、小児歯科は、自分だったらこの先生にお願いしたい、という専門医を招き、専門的治療を提供しています。また、同業者（歯科医師・歯科衛生士・歯科技工士など）の

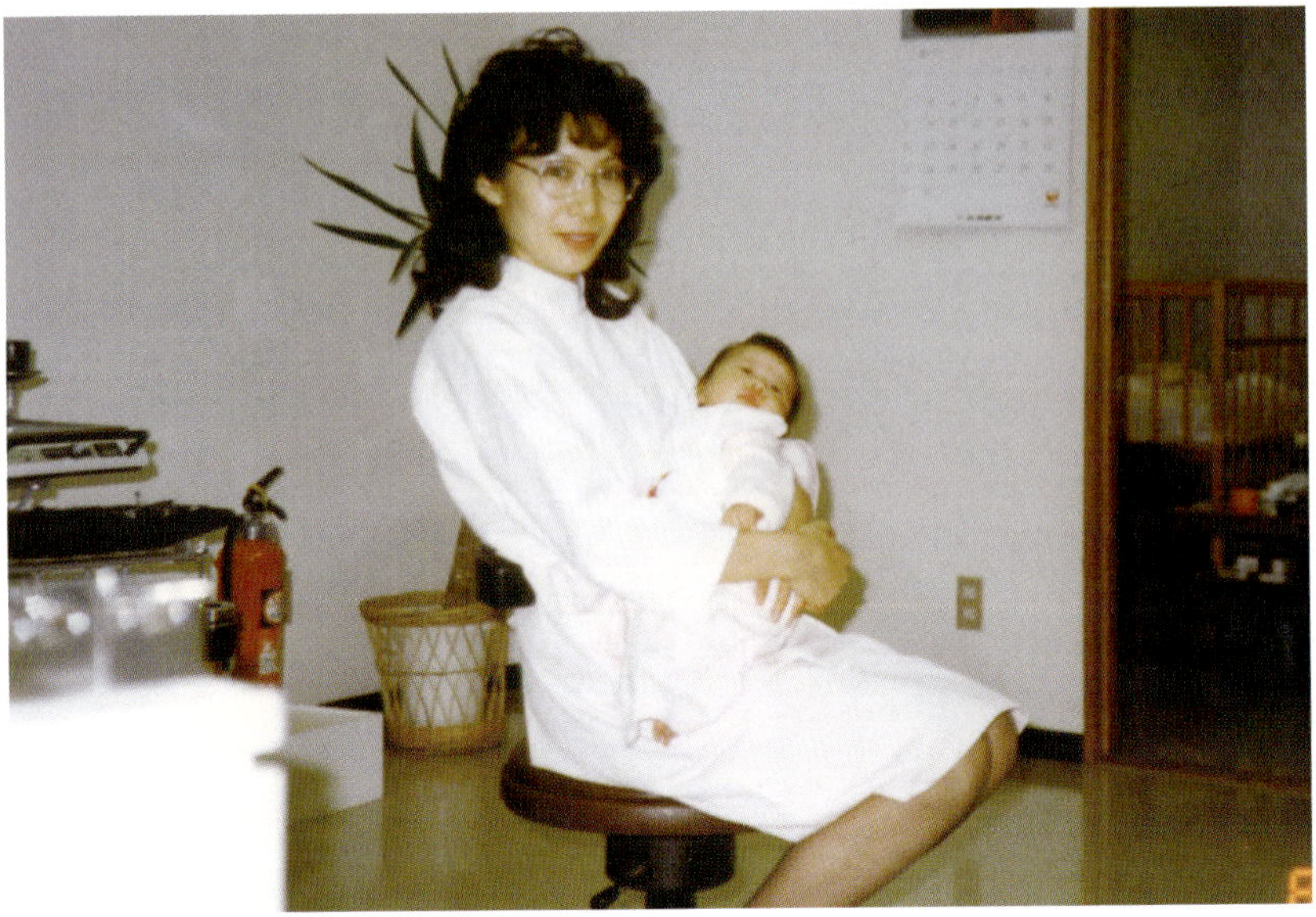
生まれて２カ月の長女と出勤。右奥の院長室にはレンタルのベビーベッドが見える（1983年）

赤ちゃんが当院にむし歯予防で通っていたり、スタッフの家族や職場をやめたスタッフ自身が患者として通うケースが多いのも、当院の特徴でしょう。診療内容を信頼してくれているのだと思うと、誇らしい気持ちになります。

「子育て歯科」は、必然の始まり

水銀柱の目盛りが連日30度を超すような、猛暑に見舞われた１９８３年８月が、夫婦念願のクリニック「クラジ歯科」の開院日でした。この日、私は東邦大学大森病院産婦人科のベッドの上で、生まれたばかりの娘を抱っこしながら眠気と闘っていました。見舞いにやってきた夫の最初の一言は、赤ん坊のことではなく「今日は（患者さんが）14人来たよ！」でした。「（これでミルク代が出る！）良かったね」というリアルな会話が、今も思い出されます。

娘が２カ月になると、赤ん坊と一緒に職場に復帰。「父ちゃん、母ちゃん、赤ちゃんで働くから、三ちゃん歯医者だ」と大学の先輩たちにからかわれたものでした。こんなふうに、初めての子育てと、初めてのク

歯科医になったばかりの長女・倉治真夏（右から2人目）とともに、フィンランド・トゥルク大学マキネン教授（左端）から予防歯科研修修了証を授与される（2008年）

リニック開業が同時にスタートしたことで、「子育て歯科」が生まれました。

「娘への母乳が足りない！」「ヌークの哺乳びんだけで十分なのか」「仕上げ磨きをすると泣き叫ぶ、抑えつけるのか放っておくのか⁉」「指しゃぶりが始まった！　保育園のお友達にも感染している模様。このままでいいのか？」……などと悩む日々。こんなことそんなことを一つ一つ、本を読んだり、専門家に相談するなどして解決しました。

それら子育てのヒントをまとめた書籍が『子育て歯科』です。わが子の子育ての悩みは、意外や普遍的で、子育て中のママなら誰でも悩むことばかりだったのです。歯と口の健康に関する子育ての悩み解決集は、ママ友達に喜ばれ、やがて口コミでマスコミに取り上げられ、記事になり、一般書籍にもなりました。『子育て歯科』の誕生は私にとって必然でした。

その後、今度は自分自身が年を取り身体を壊し、死の恐怖に向き合った時、患者さんを診療するには、まず自分が生きて、元気に過ごさなければいけないという新しい必然に出合いました。そして、自分自身の健

1994～2015年までの著書と開発・監修した商品。ピジョン『親子で乳歯ケアシリーズ』は2014年から世界各国で発売され、ステップ№4が最新。『ドクター・ナナ・ファイブ・ステップ』歯ブラシは日本橋ほか髙島屋にて販売中

康のために、大人の女性が健康に生活するためのさまざまな工夫が始まりました。

モチベーションは、半径5メートル

私は、自分が試して良かったことがあると、すぐに患者さんに伝えたくなります。患者さんは真剣ですから、良くなればすぐに「アレすごく良かったですよ」と教えてくれますし、効果がないと「変わりませんね」と素っ気ない。一人に効果があったことは、たいてい二人三人と効果があるもので、児童館などで講演して皆さんも試してみてください、と話すとすぐに反応が返ってきます。雑誌やテレビの反響も大きく、そうなると出版社が放っておかず、ぜひ書籍にしましょう、と言ってくれるのです。

ところが本を出してみると、世の中には、私よりもっと困っている人がいて、もう歯磨きテクニック、なんて言ってはいられません。「道具が悪い↓だったら歯磨き名人になれる歯ブラシがあればいいんじゃない？」「小学生くらいで自分磨きができない、って↓赤ちゃん時代から、自分磨きの教育を始めればいい

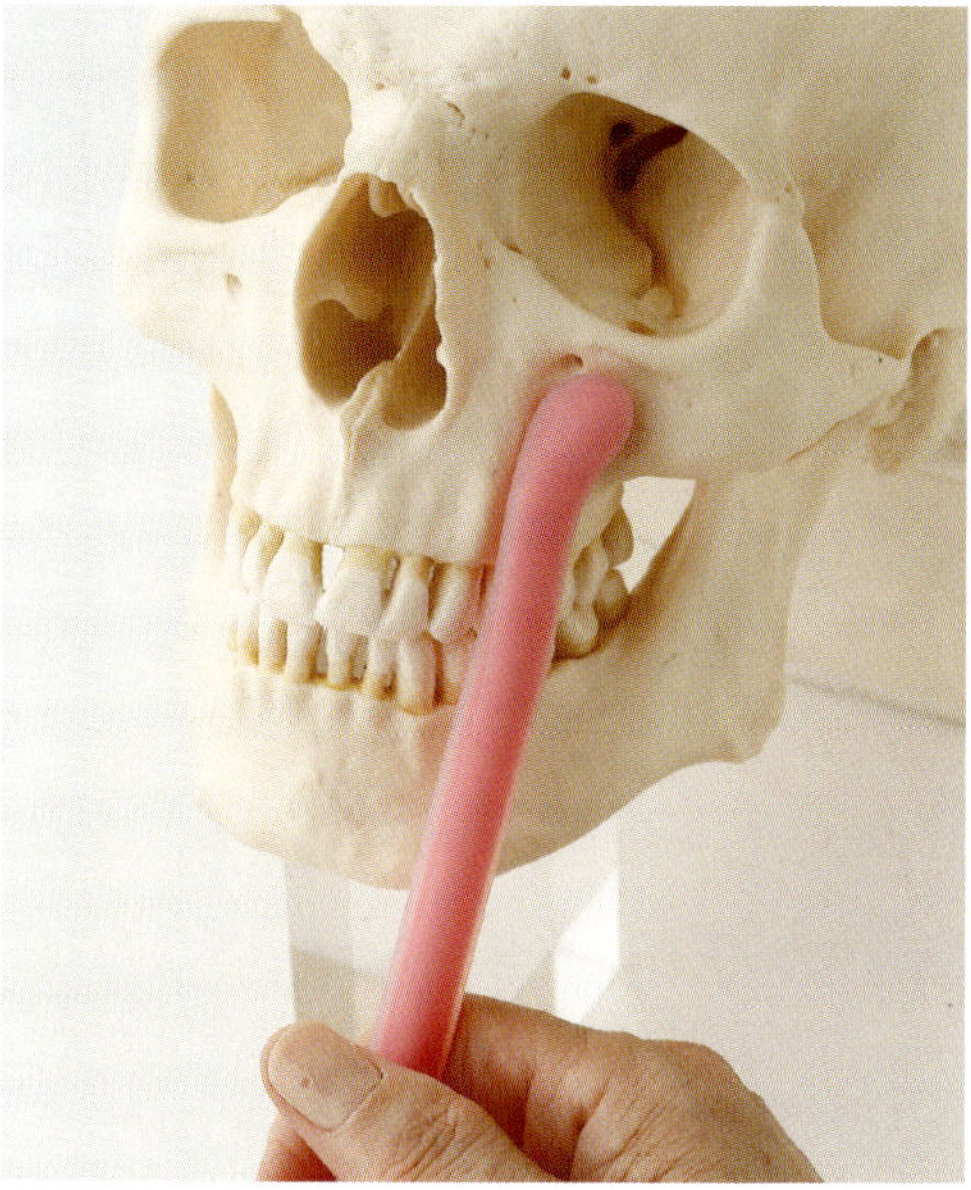

自分の歯の健康のために開発した血管マッサージスティック。歯や口周りに新鮮な血液を届けたい一心で開発し、解剖学的なカーブにフィットするよう微妙な湾曲をつけた。頬の筋肉をスティックと手のひらで、ツボを押す要領でじわっと押す。「魔法の口もと美人スティック」(学研パブリッシング、2015年)

んですよ！そのためには赤ちゃんの手のひらサイズにあった飲み込み防止の安全プレートつき3段階トレーニングブラシとかがあればいいのでは……」などなど。

どんな新米ママでも仕上げ磨き名人になれる、綿毛のようなNo.1から5段階で徐々に硬くなる『ドクター・ナナ・ファイブ・ステップ』歯ブラシも作り、最近では、自分の歯で生涯食べる自分のために開発した『口もと美人スティック』も販売される運びとなりました。本、開発・監修商品、全てのモチベーションは半径5メートル以内の「女性目線」の生活密着型です。

もう一度生まれ変わったら、やはり「女性歯科医師」になるのが運命であり、必然だろうと思っています。今後は、見たことのない経験したことのない年齢を歩むのですから、そんな同世代の女性のために新しい発想、新しい歯科商品が必要になると思うと、新たな開発意欲も湧くし、楽しみでもあります。

開業医―銀座ならではの審美、健康欲求に応える

坂本 紗有見

Sakamoto Sayumi

銀座並木通り坂本矯正歯科クリニック 院長

所属する学会・グループ◆日本矯正歯科学会（認定医）、日本臨床矯正歯科医会（理事）、日本成人矯正歯科学会（理事）、日本舌側矯正歯科学会、東京矯正歯科学会、日本アンチエイジング歯科学会（常任理事、認定医、サプリメントアドバイザー認定、メディカルアロマコーディネーター認定、ビューティーアドバイザー認定、ペリオ・フードコーディネーター認定、バクテリアセラピスト認定）、日本歯科人間ドック学会（認定医）、日本歯周病学会、日本臨床歯周病学会、日本抗加齢医学会、抗加齢歯科医学研究会、日本顎変形症学会、日本口蓋裂学会、日本口腔筋機能療法学会、ラクトフェリン研究会、国際歯科学士会（ICD）日本部会フェロー、東京都女性歯科医師の会、WDC（Women Dentists Club）

出身大学◆東京歯科大学

著書◆『矯正治療中のカリエス・ペリオコントロール～オフィスケア・ホームケアのプランニング～』（医学情報社）

銀座並木通り
坂本矯正歯科クリニック

東京都中央区
従業員数◆7人
ユニット数◆3台

矯正歯科専門女医として、母として

通常の歯科医師よりも勤務時間を調整しやすいと聞き、「女性として、将来、仕事と家庭との両立がしやすいだろう」という条件面から矯正医を選択しましたが、今は仕事としてとてもやりがいを感じています。縁あって10年前に開業。しかし、いざ看板を上げてみると自分の都合で仕事をセーブするわけにもいかず、3人の小学生を抱えて歯科医と母親業とを両立させるのはとても大変でした。その後、プライベートでもいろいろ悩み、何もかも捨ててしまおうかとまで思った時期もありましたが、周囲の多くの理解者に温かい大きな手で背中を押していただき、新たな気持ちで前に進めるようになり、今があります。

現在は、歯科大3年の長女、医科大1年の長男、大学受験生の次女にかわいがられながら楽しく過ごす時間が一番幸せです。

患者さんの人生の転機にもなる矯正歯科

当院には、東京・銀座という立地の特異性からか、

学会でワークショップラウンドテーブルディスカッションを企画し、モデレーターも務めた

審美的観点や生涯における健康等を考え、ＱＯＬ向上のためにと矯正歯科治療を希望する成人の患者さんが多く来られます。数年間の通院となる矯正歯科治療は、患者さんにとっては人生の転機ともいえる選択となるので、患者さんの求めていることを慎重に受け止め、数年の治療期間を共に過ごしていけるよう努めています。私が女性で三児の母でもありますので、その経験が患者さんの日々の不安や疑問解決のお役に立つことも少なくありません。

歯並びを治す口腔の形態回復と、姿勢・態癖・舌位・咀嚼・嚥下・口腔周囲筋等の機能回復にも力を入れています。また、むし歯や歯周病予防のために、さまざまな検査や歯や歯茎のケア方法を患者さんと共有できるようにしています。

さらに、全身管理として患者さんに必要なサプリメント、生活習慣、食事、美容のアドバイスなども行っています。もちろん私自身が率先して、女性としていつまでも心身ともに魅力的で美しく、すてきで若々しくいたいと心掛けています。

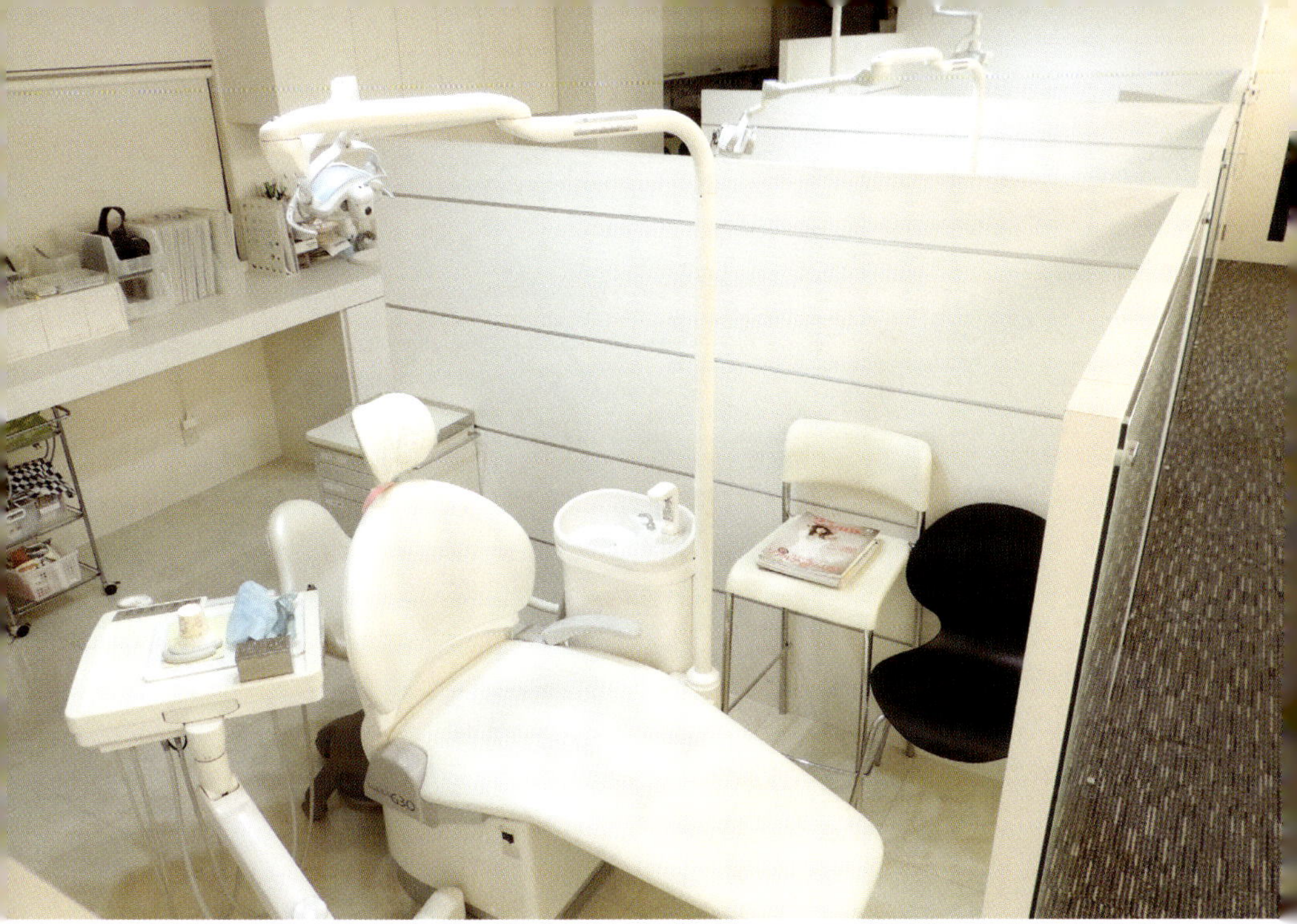
3つのブースに分かれた診療室

好きな料理を学会でも活かして

小さいころから趣味や熱中するものもなく大人になり、今に至ります。料理や裁縫等の家庭科関連は唯一好きなことでしたが、家庭に入った時点でこれは任務に変わってしまいました(笑)。

子供たちも大きくなり、自分たちの生活や予定があるので、皆でそろうことはほとんどなくなりましたが、

1千人以上の参加者が集った日本アンチエイジング歯科学会10周年記念学術大会の受付嬢の皆さんと

奇跡的にスケジュールが合った時は、娘たちと一緒に料理をし、さながらホームパーティーのようになります。子供たちのリクエストで毎年、おせち料理を2〜3日かけて作ります。全種類とはいきませんが、テーブルいっぱいのおせちはわが家の恒例となっています。「母ちゃんで良かった、わたし！」。そう実感する瞬間です。

いくつかの学会やスタディーグループ等に所属していますが、ここ数年、矯正関連の学会や日本アンチエイジング歯科学会での会務がとても充実し、多くの友人との出会いに恵まれ、生きがいとなっています。年に数回のちょっとした講演等も自分の励みになっています。アンチエイジング歯科学会のセミナーや学術大会で出席者に配る「アンチエイジング弁当」を監修させていただけたことは私の宝となっています。

このような私と一緒に働くクリニックスタッフたち

手作りのクリスマスディナーとおせち料理

スタッフと学会に参加

日本アンチエイジング歯科学会10周年記念学術大会で監修した「アンチエイジング弁当」。口は命の入り口。歯科医師が監修するお弁当だからこそ、口腔環境改善や錆びない身体を意識して、低糖質・抗酸化・噛み応えのある食材や調味料にもこだわって作った

は、温かく明るく優しく、プロフェッショナルとして一生懸命、自分の仕事を前向きにしてくれています。2カ月に一度の院内セミナーにも熱が入ります。

将来は地域密着型の歯科クリニックを

将来的には、小児歯科、むし歯や一般的歯科治療、矯正歯科治療、義歯、インプラント、口腔外科などを専門とする先生や、子供から高齢の方、さらに妊娠前の女性、妊婦さんの口腔管理や食のアドバイスまで関われるよう栄養士をそろえ、さらに呼吸、姿勢、咀嚼嚥下機能アドバイスを行い、ここに来れば家族の誰もが口の中のあらゆるメインテナンスをしてもらえるような、地域密着型のファミリートータルデンタルクリニックを開きたいと考えています。

これまで出会った多くの方々に感謝し、ご恩返しができるよう、全力を尽くしたいと思います。そして、今と同じように、いつも患者さんやスタッフの笑い声が絶え間なく聞こえてくるようなクリニックであり続けられるよう、これからも研鑽を積んでいきたいと思っています。

開業医─アメリカンスタイルでの自費診療

鈴木 エリ

Suzuki Ellie

ウォンブルゲート アメリカン デンティストリー
院長

所属する学会・グループ◆LDA、ADA
出身大学◆神奈川歯科大学、Nova Southeastern University
人物評◆バランスが取れている、のんびり、和風

ウォンブルゲート アメリカン
デンティストリー

神奈川県横須賀市
従業員数◆９人
ユニット数◆３台

アメリカでの研修、教員を経て開業

神奈川歯科大学を卒業後、研修医になり、紆余曲折の末、フロリダ州マイアミの歯科大学のレジデンシープログラムに合格しました。結局、アメリカでは２年間のレジデンシープログラム、その後２年間のフルタイムの臨床教員生活の計４年弱を過ごし、帰国後、地元の横須賀市で２０１１年に開業しました。

正式名称は「ウォンブルゲート アメリカンデンティストリー」と言いますが、ちょっと長いので「ウォンブルゲート歯科」と呼ぶ方もいます。ユニットは３台、スタッフは衛生士が３人、受付が２人、アシスタントが４人の計９人、矯正歯科医は月４回、口腔外科医には不定期にヘルプをお願いしています。他にも土曜だけのスタッフ、月に数回のスタッフ、時短で働いているスタッフ、パートのスタッフもいて人数が多くなっています。全員がそろうのは医院の誕生日イベントの時くらいです。

スタッフ数にかなり余裕を持っているのは、子供が熱を出した時やイベントごとがある時、また親の介護

矯正歯科医の母（左から３人目）、スタッフたちと

で抜けられない時など、お互いに助け合ってシフトをカバーできるようにするためです。経営者として考えると人件費というコストがかかり過ぎているかもしれませんが、家庭がある女性がワークライフバランスを取りながら充実して働く中で、結果として患者さんへの良い対応、治療の提供につながることを期待しています。

また、診療時間も週1日を除いて、朝の8時から午後の4時半までというのも珍しいかもしれません。ミーティングも仕事後ではなく、診療所がランチを提供して昼休み中に行い、できるだけ診療時間後の拘束が少ないようにしています。

患者さんは「アメリカ人」「口コミ」

特色としては、アメリカでの臨床経験を活かしたアメリカンスタイルの診療です。治療だけでなく院内の雰囲気もできるだけアメリカの雰囲気に近づけるようにしています。どうしても治療の内容に齟齬が出てしまうので心苦しいのですが、日本の健康保険は取り扱っていません。予約を受ける時にその旨を説明し、

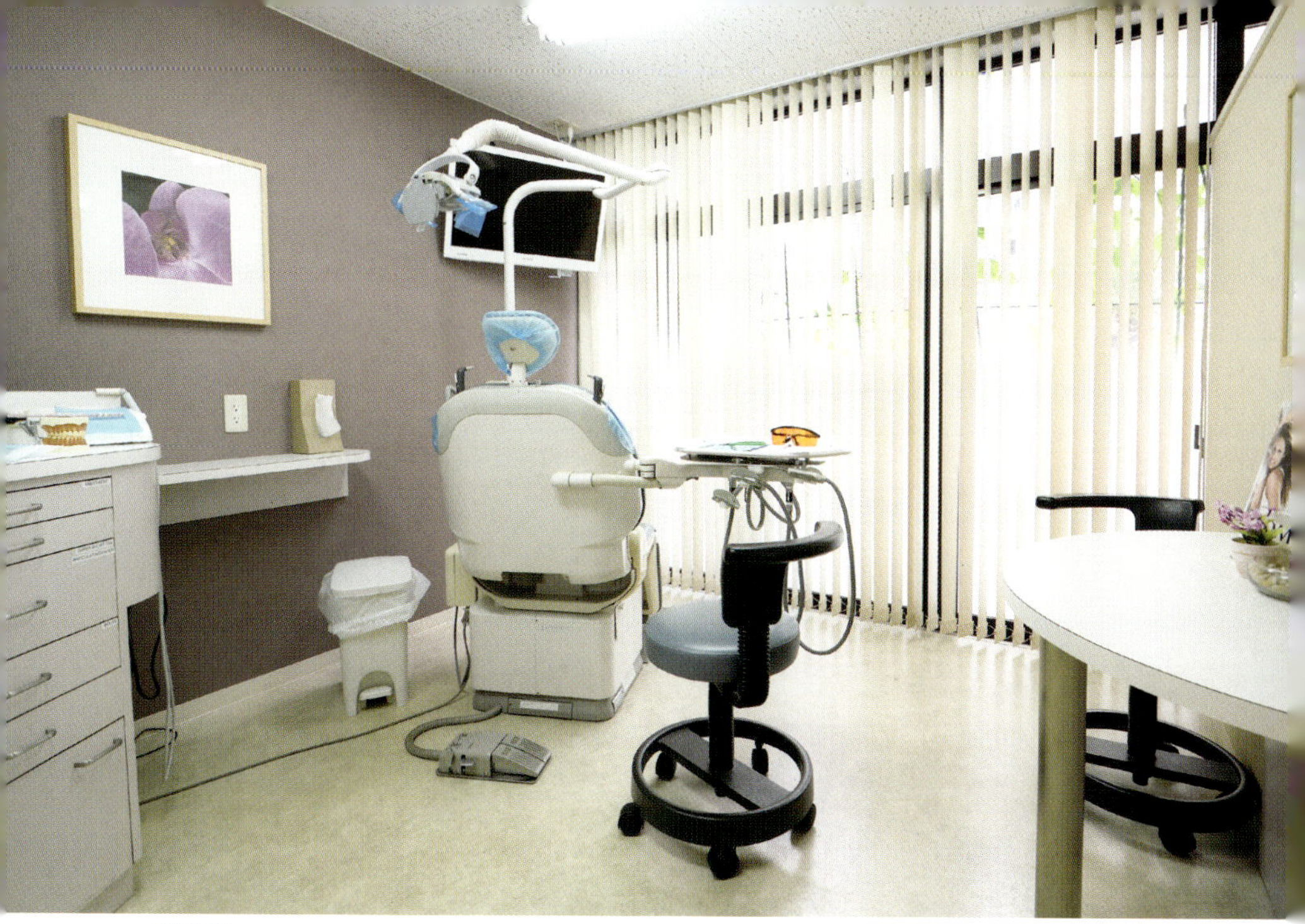

診療室

理解していただける場合にお越しいただいています。

アメリカにいる間にフロリダ州、バージニア州の歯科医師免許も取得し（アメリカでは歯科医師免許が州ごとの交付になっています）、現在でも更新していきます。当院の患者さんはアメリカ人、そして口コミの紹介がほとんどなのですが、私自身のアメリカでの臨床

フロリダ州マイアミ

経験、歯科大学での教育経験もとても評価されているように感じます。

面白いなあと思うのは、まずお子さんを治療に連れてきて、その後にご両親が予約を取るケースがとても多いことです。これは日本もアメリカも変わらないですね。

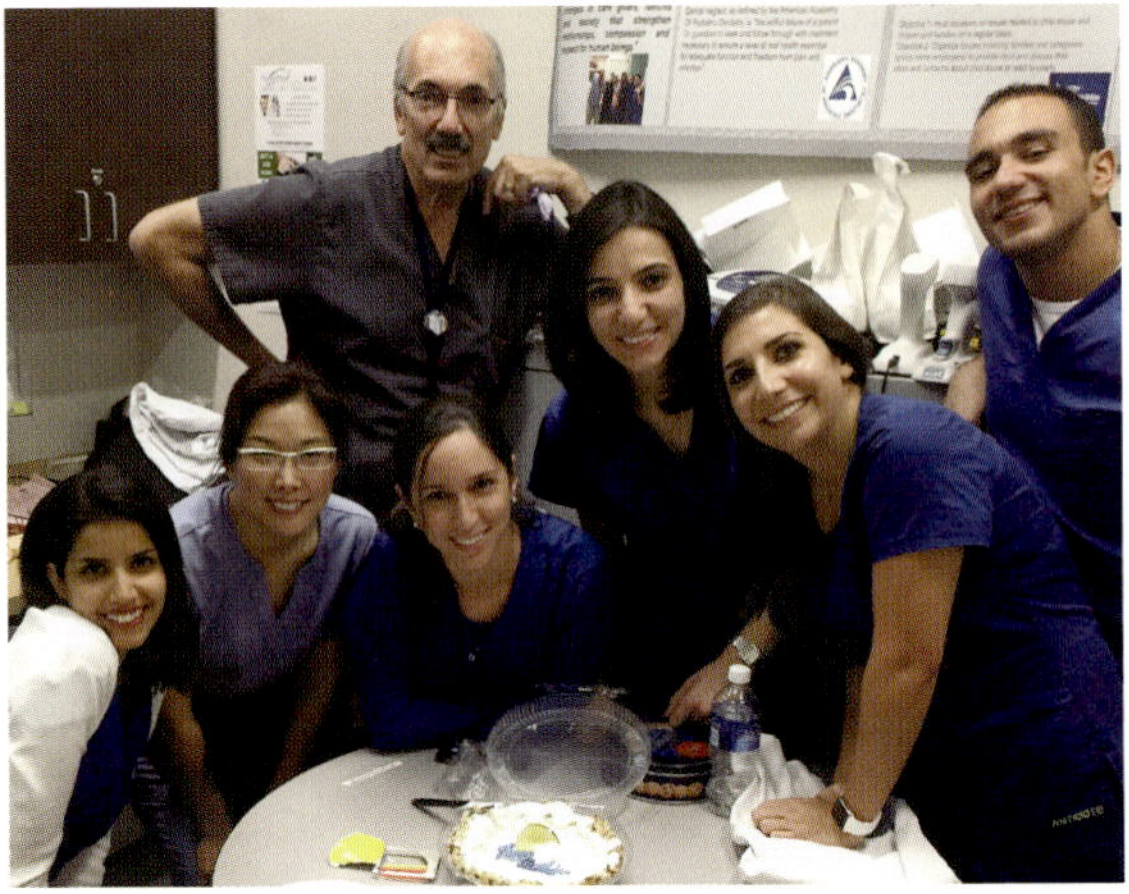

マイアミで。▲歯学部レジデントの誕生日お祝い。▼アシスタントたちと

アシスタントは全員アメリカで教育を受け、アシスタントとしての勤務経験もあるので、材料や器材の場所を伝えるぐらいで済み、トレーニングはほとんど必要ありません。なので、仕事の引き継ぎが非常に楽です。

再びアメリカの歯科大学へ

２０１５年から古巣のフロリダ州のNova Southeastern UniversityのＡＥＧＤ(Advanced Education in General Dentistry)にadjunct faculty（非常勤講師）として年に数回戻り、再びアメリカで臨床教育に携わることになりました。先日、4年ぶりに元の職場に戻りましたが、初日の午前中は戸惑ったものの、午後からは以前と全く同じようになじんで働くことができました。開業医ですので、もちろんきちんと収益を上げていかないといけないですし、診療の日数の調整なども含め、どのような形で両立していくか、大変だとは思いますが、やりがいがあります。

受け持つのは歯学部の学生とPG１、２（大学院生の１年生、２年生）です。日本では教育に携わった経験がないので何とも言えませんが、自分の記憶と照らし合わせると、アメリカの学生は卒業後のビジョンを現実的に持ち、モチベーションがあるように感じます。

趣味の合気道

趣味で気分転換

アメリカの歯科医師免許の更新に必要な卒後教育の単位も含め、常に現地でのトレンドを意識するようにしています。趣味は旅行とスポーツ、着物、料理です。2013年から始めた合気道はなかなか上達しませんが、仕事と全く関係ないことをすると、とてもいい気分転換になります。寒くない時期には、地元の海でSUP（スタンドアップパドルボード）という、サーフボードより一回り大きいボードの上に立って櫂をこぐスポーツをすることもあります。静かな日に夕焼けを見ながら、波の音を聞き、山を眺めるのは最高の時間です。と言っても、「冬は寒いので嫌」「夏は暑いので嫌」ともっぱら春と秋に楽しんでいます。最近は時間がなくてなかなかできないのですが、凝った料理も再開したいです。着物を着るのも好きで、家で見つけた祖母の着物や中古のもので楽しんでいます。

マイペースで仕事、プライベートと楽しんで、細く長く仕事をしていきたいと思っています。

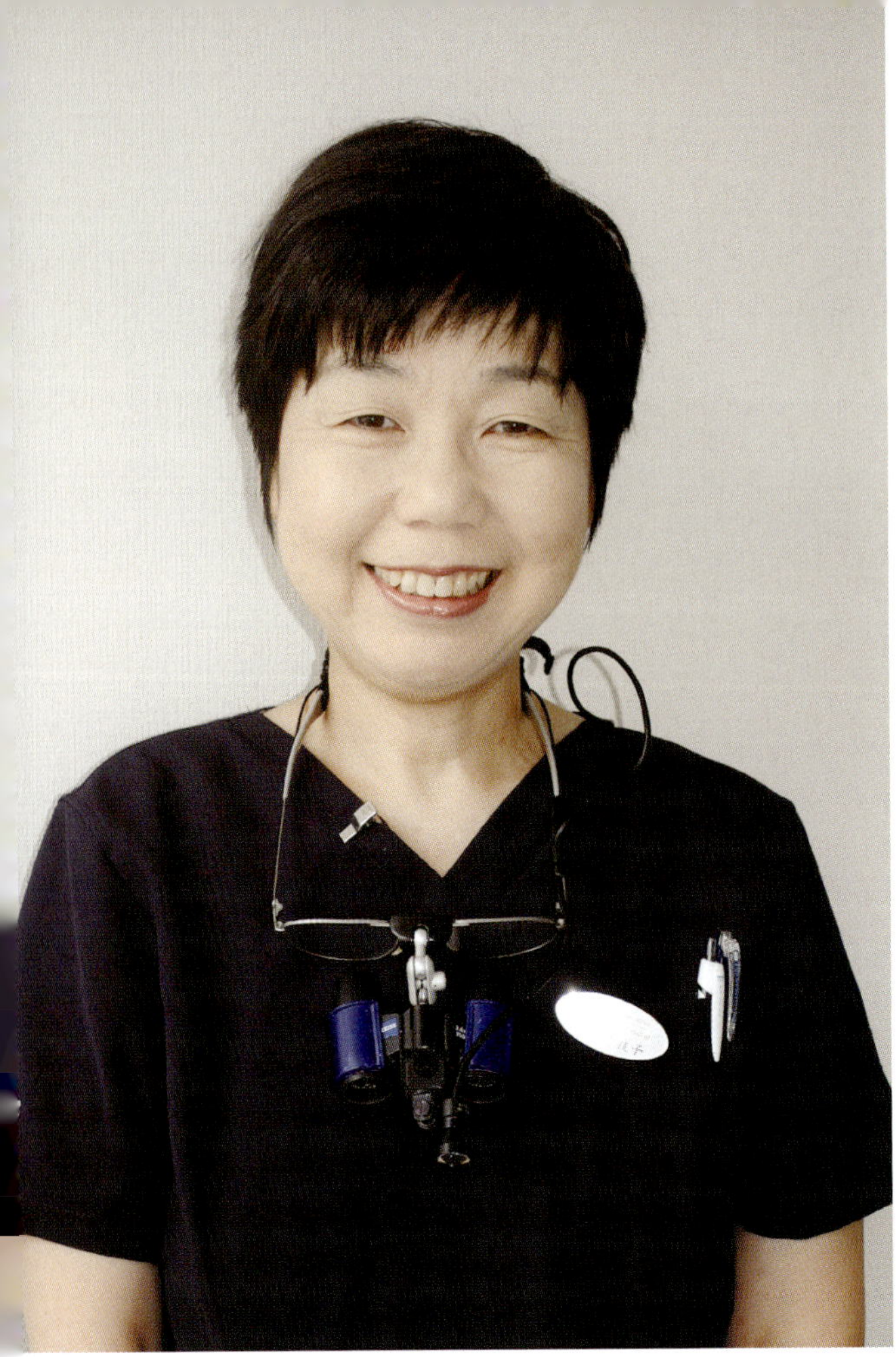

開業医 — 同じ敷地内に成人用と小児用の医院

鈴木 千枝子

Suzuki Chieko

医療法人潤心会 理事長

所属する学会・グループ◆日本矯正歯科学会、日本小児歯科学会、日本口臭学会、咬合療法研究会、日本口腔育成学会、POIC研究会、CDRG友の会
出身大学◆岩手医科大学
座右の銘◆為せば成る　為さねば成らぬ何事も　成らぬは人の為さぬなりけり

2004年に歯科医師の夫と死別。夫の遺志を継いで予防型歯科医院を開設。３人の子供を持つ母

神の前歯科医院

岩手県紫波郡
院長　鈴木千枝子
従業員数◆22人
ユニット数◆11台

神の前キッズデンタルパーク

岩手県紫波郡
院長　一方井友望（長女）
従業員数◆５人
ユニット数◆４台

家族対象に予防歯科を実践

当院は「患者さんは自分の家族」をコンセプトに、予防のための歯科医療を実践しています。

究極の予防は〝病気にならないこと〟。そのために、同じ敷地内に成人と小児に分かれた2軒の歯科医院が並んでいます。両院とも患者さんごとに専任の歯科衛生士によるプロフェッショナルケアと日々の患者さんご自身によるホームケアの指導を行っています。

神の前歯科医院は、１９８３年にユニット3台の歯科医院として開業しました。その後、２０００年に日本フィンランドむし歯予防研究会フィンランド研修に参加、05年にオーラルフィジシャンコース受講などでむし歯にさせない予防歯科の重要性を学び、06年に歯科衛生士を医院の中心に置いた予防型の歯科医院として現在地に移転開業しました。同時にＩＳＯ９００１を認証取得（現在は更新していません）、チーム医療を実践してきました。

神の前キッズデンタルパークは２０１３年に０歳からのむし歯予防をコンセプトに、本院隣に開設しました。０歳から２歳は「８２１クラブ」という歯磨きリトミックを通して、イヤイヤ期の大変な歯磨きを楽しくする習慣を身に付けさせます。３歳以上は保護者から離れて一人で診療室に入ることで自立心を育み、将来、自分の歯を自分で守れるようにするための教育を行っています。

821クラブ

成人の落ち着いた待合室

子供たちが遊びながら学ぶキッズデンタルパーク

成人と小児を完全に分けたことの利点

歯科医院を分けたことでの利点は、成人はゆったりとした静かで落ち着いた空間で治療やメインテナンスを行うことができるようになったこと、「キッズ」は子供たちがのびのびと学び、遊びながら楽しく通院し、

当院自慢の設備

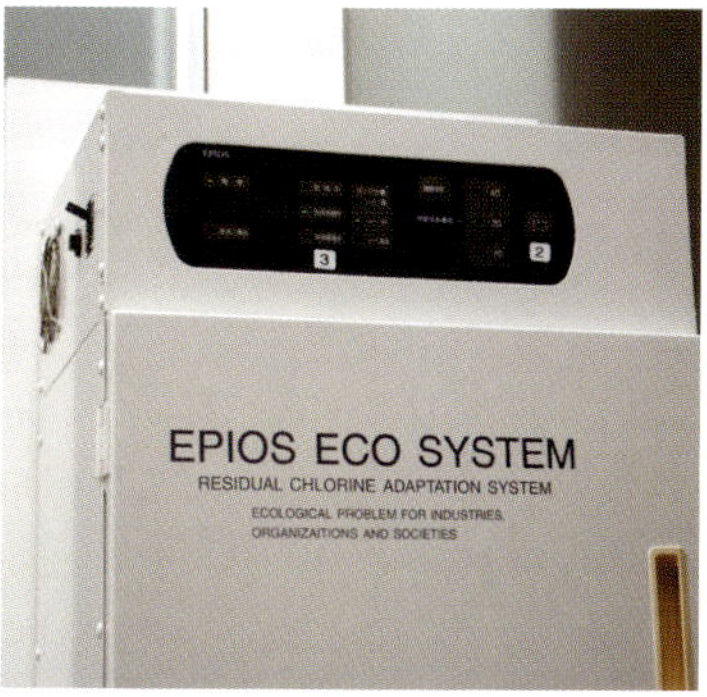

エピオスエコシステム（院内治療水の残留塩素濃度補正システム）
両院とも診療で使用する水（お口の中に入れる水）を全て殺菌水にしています。院内感染等の心配もいらない、安心安全な環境で治療が行えます。

POICウォーター（タンパク分解型除菌水生成システム）
純粋な水と塩を電気分解して作られる生体免疫由来の次亜塩素酸を含む除菌水で、薬品を使っていないので安心してお使いいただけます。

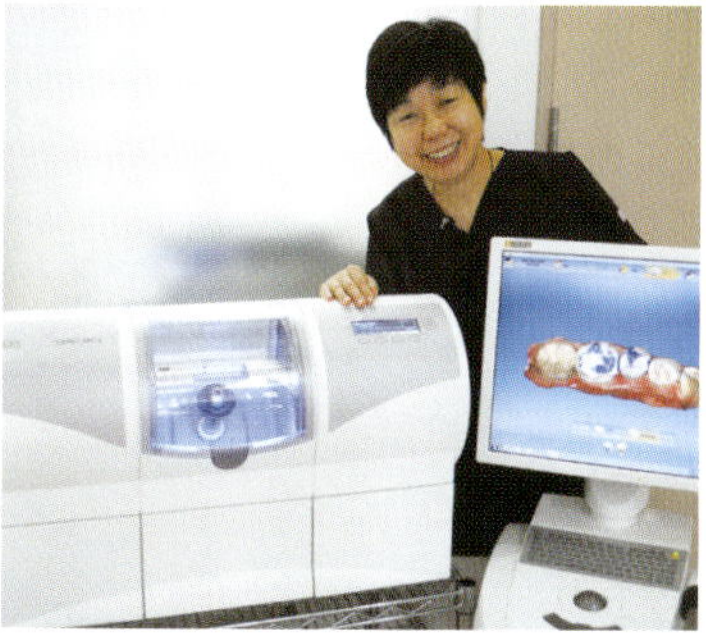

セレックシステム（院内用CAD/CAMシステム）
セレックは高品質なセラミックブロックをCAD（コンピューターモニター）で光学印象を行い、CAM（ミリングマシーン）で削り出すシステムです。高品質低価格短時間で確実に接着セットできるので細菌の感染がなく長持ちします。

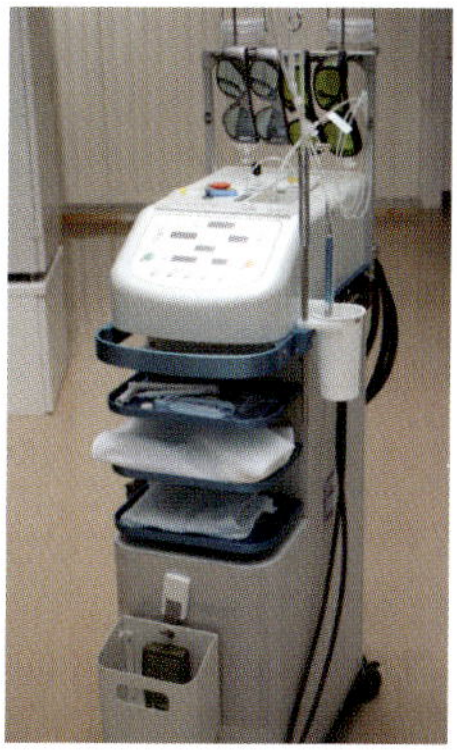

ストリークレーザー（Nd：YAGレーザー）
ストリークレーザーはハイピーク出力を4キロワットまで上げられ、酸化チタンサスペンションシステムにより歯肉縁下の歯石を、一日で無麻酔で粉砕除去することができます。知覚過敏や深いう蝕も無麻酔で治療できます。

託児サービス風景

自然にむし歯予防習慣を身に付けることができるようになったことです。

親子でそれぞれメインテナンスに通いながら予防歯科の知識が共有されることが一番のメリットだと思います。加えて神の前歯科では、保育士が「キッズ」に通院しているお子さまをお母さまの治療時間中にお預かりする託児サービスを行っており、好評を得ています。

院長ってどんな人? スタッフアンケートより

「早朝からエネルギー全開。診療が終了するとスイッチが切れ、動きがスローになり、思考が停止する。男性より男らしく頼りになるが、食べ物の好き嫌いが多い」(神の前キッズデンタルパーク院長・長女)

「抜群の統率力、男前な考え方、とにかくパワフル。患者さんにも厳しく指導し、厳しさを求めるファンが集まる」(デンタルコーディネーター・勤続21年)

「勉強に時間もお金も惜しまない。スーパー前向きで時々する言い間違いがかわいらしい」(非常勤歯科医師・勤続2年)

「頭の回転も切り替えも速いが、忘れるのも速い」(歯科衛生士・勤続20年)

「豪快！　物事をスパッと判断する力は天下一品」(受付・勤続2年)

「庶民的な金銭感覚もありつつ太っ腹。ブランド品や高級品に執着がなく、スタッフや設備に利益を還元している」(歯科技工士・勤続12年)

仕事がパワーの源

きっと仕事が好きなのだと思います。家族のため、スタッフのため、喜んでくれる人のためと思うとバリバリ働けます。

先日、「類人猿診断」という性格診断方法を知りました。人と98％同じＤＮＡを持つ大型類人猿（チンパンジー、オランウータン、ゴリラ、ボノボ）の行動傾向を基に、人のタイプを四つに分類する実践的な性格診断です。質問は二つ。感情を表に「出す」or「出さない」。大切にしているのは「物事を追求したり、成果を上げること」or「安定・安心を維持すること」。

その結果、私は「チンパンジー」。「自己主張が強くお調子者で社交的。考える前にとにかく動いてみる。人と話すのが得意で、人を引っ張るのが得意。直感を信じる即決力があるタイプ。しかし人に対する当たりが強くて怖い時があり、飽きっぽく、直感的過ぎて大ざっぱなところがある」。当たり過ぎていてびっくりしました。

「デンタル小町」の連載を書いていたころの趣味は「予定のない休前日の夜、好きな小説を読みふけること」でしたが、最近は「1に草取り、2に洗濯、3に布団干しで、4に家の中の部分的で集中的な片付け、5にお掃除ロボット・ルンちゃんのお世話」となりました。特に雨上がりの花壇の草取りは快感です。私が植えたお花の周りに許可なく敷き詰められた緑のジュータン。忙しく、心ならずも野放しにしていましたが、この日、ふかふかの土から根こそぎ取ってやりました。あ〜、この達成感。

人間、年を取ると土に触りたくなるそうです。土に帰るその日まで、大好きな仕事と趣味に浸っていたいと思う今日このごろです。

千枝子先生の趣味

開業医 ― 高齢者を中心にアンチエイジングに取り組む

宝田 恭子

Takarada Kyoko

宝田歯科 院長

所属する学会・グループ◆日本アンチエンジング歯科学会、日本睡眠改善協議会認定睡眠改善インストラクター、メディカルアロマ研究会
出身大学◆東京歯科大学
著書◆『５つの姿勢がキレイをつくる』（光文社）、『ねこ背を直せば、顔が若返る―57歳の歯科医が実証する！宝田式 新メソッド』（主婦の友社）、『顔だけ痩せる技術』（メディアファクトリー）、『宝田式 すっきり若顔！ エクササイズ』（PHP研究所）、『ほうれい線・たるみを解消する！宝田式輝美顔メソッド＋つや肌シルクエコカル』（永岡書店）

宝田歯科

東京都江戸川区
従業員数◆4人（歯科医師2人、歯科衛生士2人）
ユニット数◆2台、ホワイトニング等用ベッド1台

メインテーマと環境の劇的変化

義歯を中心とする高齢者外来歯科診療が主体の診療所で、アンチエイジングに重きを置きつつ、今までさまざまなエクササイズを考案したり、アロマ含有歯磨粉やジェルなどを開発したりしてきました。家族と調和を図りながら、「病」「つらい」「きれいになりたい」「噛みたい」の四つを重点項目に据えて、それらをいかに確立していくかが私が目指す診療のメインテーマでした。

そんなわが身の置かれた環境が大きく変わったのは、実母の認知症発症（２００８年）、義父の他界（２０１３年）、義母の介護保険申請（同年）からです。

自分の手でできないことへの歯がゆさも

私の場合、介護や看護等に関して、自分の手で直接サポートできることは、それがどんなに大変であっても、自分なりにできる限りのことをしたいという思いが、やりがいへとつながりました。

しかし、中にはどうしても他人の手を介さないと

キレイを維持するために考案したエクササイズ。口元と体幹はつながっていることから針金ハンガーを用いて体全体のバランスを取り、猫背姿勢を改善する

患者さんの知恵を活かして開発したモイスチャージェル（右）。皮膚科医の長女もブレーンの一人で、「手に触れる水などの温度が低いと細胞のキメが損なわれる」と教えてくれた。左は「美しさを共に感じることを喜びとする＝美感」をコンセプトにしたフェイスクリーム

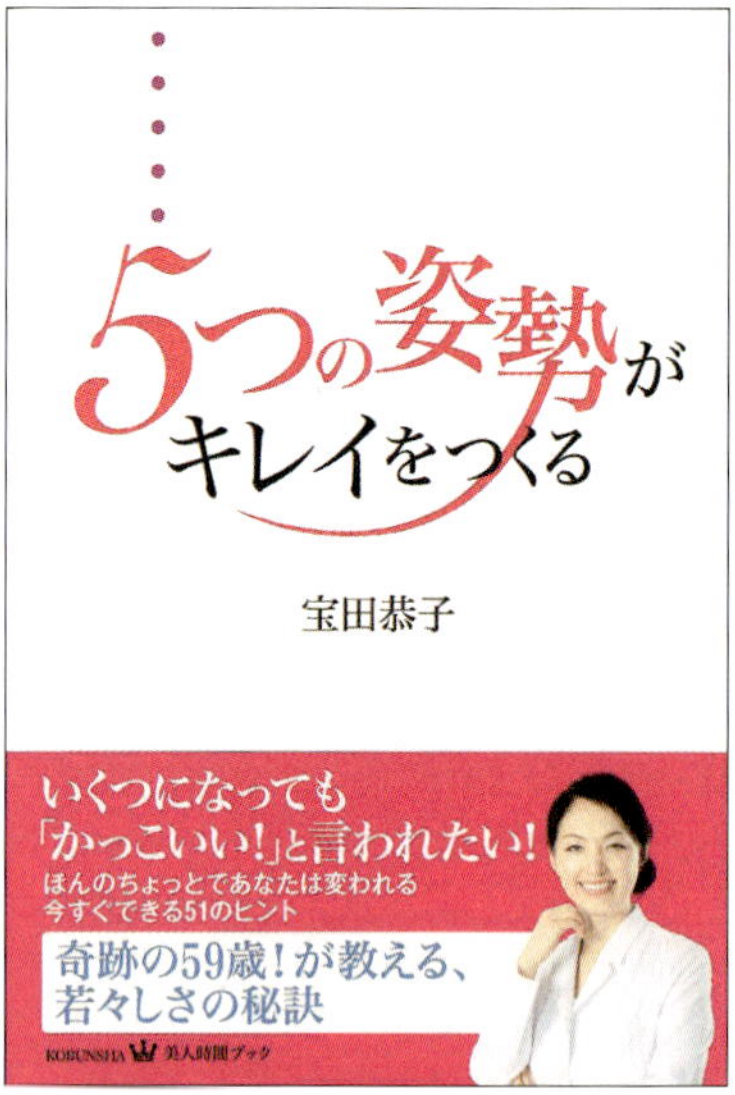

『5つの姿勢がキレイをつくる』
（光文社）

遅々として先に進まないことがあり、そうした現実的側面と、家族として介護・看護が必要な相手に「もっとこうしてあげたい」という感情のはざまで、時として歯がゆさを感じることもありました。そして、そうした状況が長期化すればするほど、むなしさや悲しさが増していきました。

心を揺さぶる患者さんとの出会い

母の認知症発症から5年目、いつもどこか不安な私の心を大きく揺さぶり、変えてくれた患者さんが現れました。

その方は、体が弱いために遠方に住むお母さまの世話ができないことを悩んでいた奥さまに代わって、義理のお母さまの介護をされていました。定期的に5時間かけて車で通う途中、自分の体力を考えて、2カ所のサービスエリアで30分間ずつ仮眠を取るなど、体調を整える気遣いも怠らないそうです。

治療が終わった日に、その患者さんが「介護とはいえ、ぼくは楽しんでやっていますよ」ときれいな優しい笑顔でおっしゃった言葉が、私の心の奥底に響きま

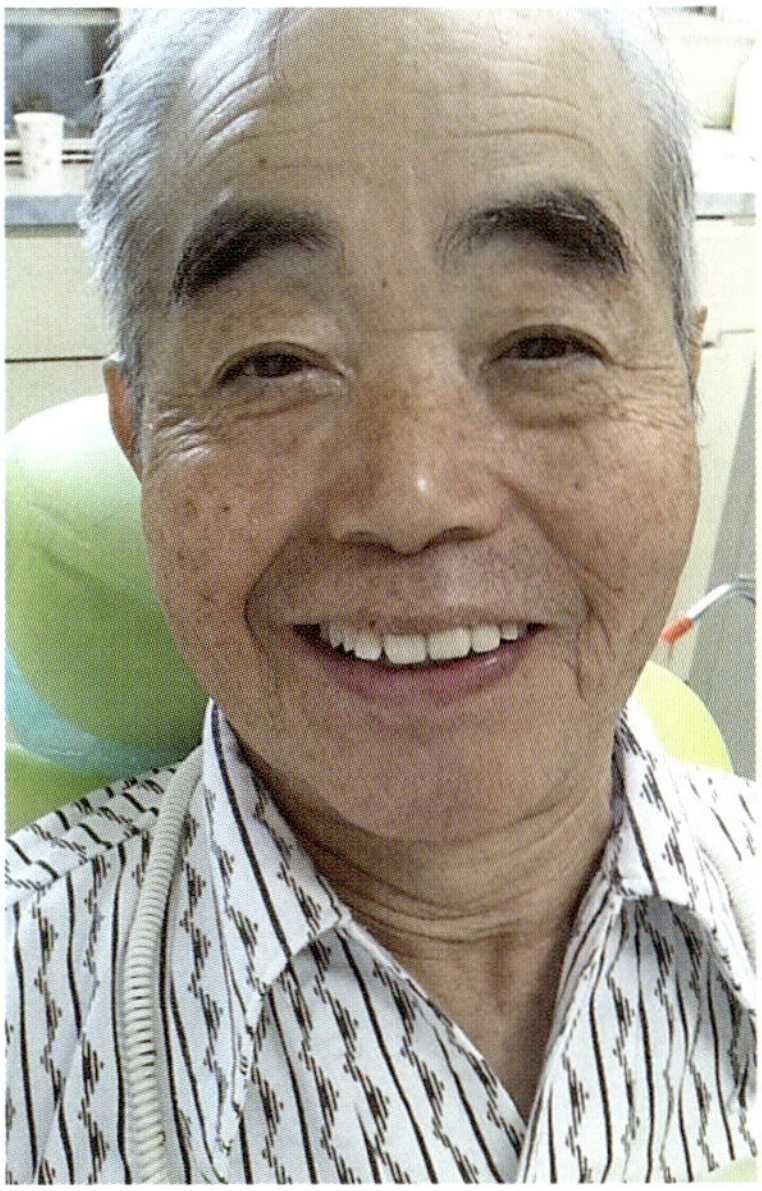

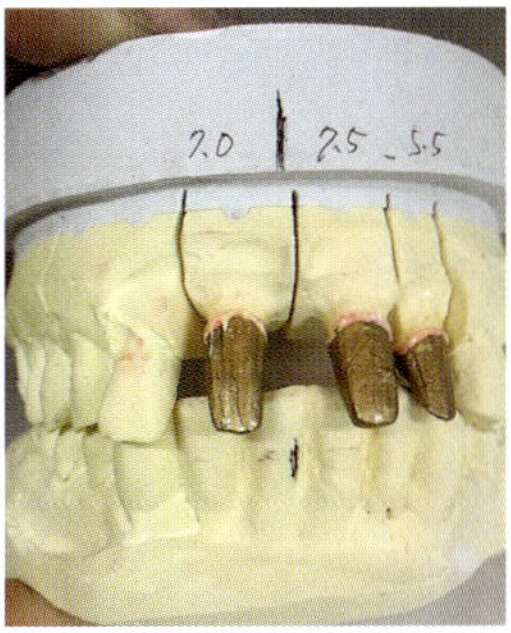

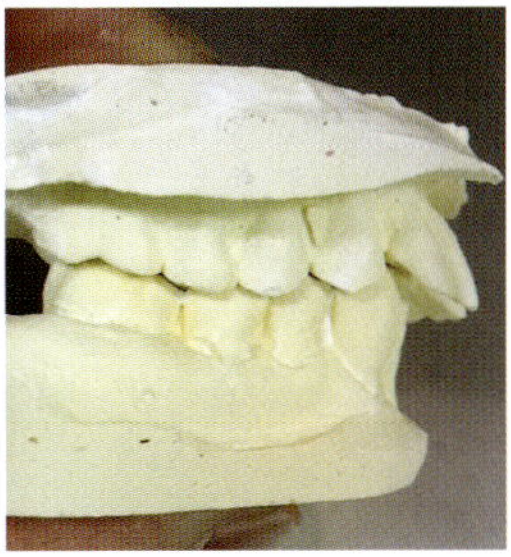

歯と歯のすき間を埋めてほしいと来院した患者さん。別れ際、この方の言葉が私の心に響き、この笑顔が介護のサポートに一役買っていたかと思うとうれしくなった。その後の私の行動に変化をもたらしてくれた

プロのヘアメイクさんと共に介護施設で行っているボランティア活動。今まで行ってきた表情筋エクササイズを活かせるので私にとって大切な時間。写真は100歳のみつ子さん

した。

それ以来、実母と会う時は必ず「お互いが楽しめることをしよう」と考えるようになりました。

「紅をひいて、姿勢を正して、音読する」、この行為を母の元を訪ねるたびに繰り返していたところ、母が入所する施設の方の目に留まり、イベントをさせていただくことになりました。このイベントは、私がそれまで日常的に患者さんをはじめとする多くの方に健康と美容のために広めようと続けてきた「表情筋トレーニング」を活かすことができる内容で、願ってもないボランティア活動となりました。

「100歳のアナウンサー」のイベント

初めは、施設利用者で100歳になる方を中心に参加者を募りました。

イベントのタイトルは「100歳のアナウンサー」で、「きれいなあいさつ」「きれいな姿勢」「きれいな音読」「笑顔キープ力」の四つの課題をクリアするエクササイズを行います。

「今度、こんなイベントをするんだけど」と、プロのヘアメイクアーティストをされている患者さんに声をかけてみたところ、賛同してくださり、その方とペアを組んで、定期的にイベントをさせていただくことになりました。

このイベントは歯科的視点から姿勢と口元の関係を伝える内容で、エクササイズをすることによって最後は誰もが良い姿勢ではっきり発音できるようになります。また、プロの手によって見た目も華やかに整えられるので、施設利用者の皆さんはすっかりアナウンサー気分で、毎回イベントの開催を楽しみにしてくれています。また施設全体の雰囲気が明るくなるという相乗効果から、利用者の方、施設の方、ご家族、皆さんにとっての喜びの時間になっています。

今後は、こうした活動に共感していただける歯科医療従事者にも、その内容と方法を伝授していきたいと考えています。それによって、こうしたイベント、ボランティア活動が多方面で活用されることを願っています。

開業医―歯科医師になる前の10年の回り道を宝に

天井 久代

Tenjo Hisayo

医療法人天志会 天井久代デンタルクリニック、アップル歯科 理事長

所属する学会・グループ◆顎咬合学会、審美学会
出身大学◆北海道医療大学
著書◆『はい、あーん、お口を開けて』(悠飛社出版)
人物評◆自己評価「本音と人間力で勝負する"白衣を着た魔女"」

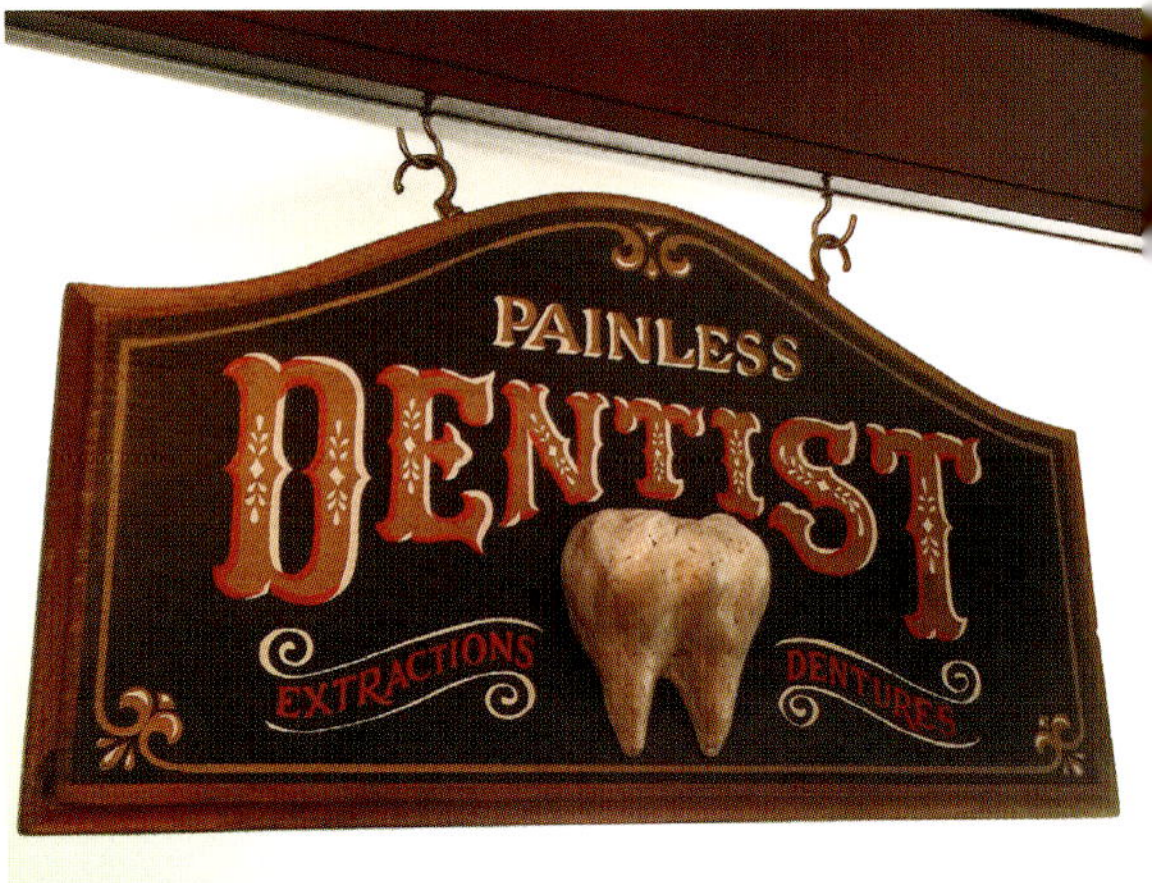

天井久代デンタルクリニック

東京都中央区
ユニット数◆３台

アップル歯科

埼玉県川越市
ユニット数◆６台

従業員数◆９人

審美や予防中心の2院を経営

●銀座　天井久代デンタルクリニックの場合
自費治療のみの診療形態、１口腔単位で妥協のない治療を掲げ、審美（補綴的矯正）と審美義歯を得意としています。

●埼玉　アップル歯科の場合
予防中心の地域密着型で、特に義歯、咬み合わせ、審美には高い評価を得ています。

治療前に患者の理解得る

歯科診療室として当たり前の心遣いに加えて、治療に先立ち、現状の歯型模型と治療後の模型を作製して詳しく問題の原因について説明し、納得と理解を得、「取りあえず治療」はしないようにしています。

義歯で死ぬ患者さんも……

今まで最も心に残っている患者さんは、口腔外科の失敗で、上顎洞に穴が開いたままで義歯が装着されていた方です。当然、咬めず、話せず、歩けなくなって

診療室の入り口

レントゲン室

3年目の患者さんを悪戦苦闘の末、咬めるようにして、歩けて笑い、話せるようになった途端……、それまでの苦しい3年間のストレスによる脳の萎縮で突然死！

「歯で死なない」と侮っていた私に「義歯で死ぬ」ことを教えてくださった、私にとって〝義歯の神様〟になった方が、私の作った義歯でやっと笑ったあの時の笑顔が忘れられません。

感謝の気持ちが苦境打開の鍵

歯学部を卒業して4年目のこと。実家に預けていた娘を引き取り、二つの診療所を開院し、十数名のスタッフを抱え、経営と診療と新しい家族に四苦八苦していた時、思わず伯母に「どうしよう、八方ふさがりや」と泣き言を言ったことがありました。すると伯母は、40歳になったばかりの私を「年取ったなあ……、グチは言ったらあかん」と叱り、さらに連れて行かれた仙人のような方に、「最低の時期ですね。3年続きます」と追い打ちをかけられ、完全に打ちのめされました。

気を取り直し、その3年間を乗り切る心の持ちようをお尋ねすると、「毎日、感謝をしなさい」の一言です。

自宅のルーフバルコニーのバラ

私がリフォーム設計した部屋

▲バルコニーで実ったオリーブ
▶クルーズで遊ぶ私

イスタンブールのFDIで

1週間後、小さな仏壇の前に座り「感謝」を探し始めた時、突然目からうろこが……。最悪、最低の現状の中にでも、感謝すべき日常のささいな事柄がいっぱいちりばめられていたことに気が付いたのです。

スタッフ活用術

・院長のポリシーを全員で共有し、院長のためではなく患者さんのために良い仕事をするよう心掛けさせる
・毎月、各自のモットーを掲げる
・叱る前に褒めることを見つけ、しっかり叱った後に褒めて終わる
・給料袋を手渡ししながら個別に話をする

人間としての魅力をつける

両親から一度も「女だから……」と言われることなく、のびのびと育ちましたが、社会に出ると突然、「出る杭は打たれる」目に遭いました。でも出なければ杭は腐りますので、ある時から「出過ぎた杭」になろうとしたのですが、今では出過ぎてしまって誰も打ってさえくれなくなったようです（笑）。

何はともあれ、人としての人間力、魅力を身に付けたいと願っています。

パワーの源

パワーの源、それは私自身です。

①100鉢以上のバラとオリーブを育てている「天空のガーデン」

パワーの元は私自身

②セカンドハウスはバンコクのオリエンタルホテル
③毎年、娘と共にクルーズへ
④マーカーで塗りつぶされた世界地図
⑤シミもシワもごまかすゴージャス日焼け
⑥いつまで着るかビキニ跡

「十年の宝」

「十年の宝」とは、30歳で北海道の歯学部へ入学した時、帯広に住む父の友人から贈られた言葉です。

「君が歯科医師になる前に10年間の回り道(短大卒業、商学部卒業、ヨーロッパ放浪の旅、結婚、出産、離婚)をしたことは、回り道ではなくて〝宝物〟だよ。同窓との年の差は年ごとに縮むけど、君が歯科医師になる前に経験した10年間は君の人間性を形成する最も大きな宝物になるはず。この宝物は年ごとにふくらみ、誰にも縮められないよ」

卒業し、社会に出て、私は父の友人から贈られた「十年の宝」の意味を深く実感し、今ではさらに大きくしようと大切に育てています。

シンガポールのラッフルズホテルにて

30年周期の私の人生の第一期は、若気の過ちのようにやりたいことを全てやり、慌ただしく過ぎました。第二期は歯科医師一筋の30年間でした。現在、第三期に突入しています。

この最後の期は、歯科医師としてさらに羽ばたくか、全く違う人生に突入するか……。

天井久代の一人旅、始まり、始まり……。

開業医─自衛隊で歯科医官の経験も

中島　潤子

Nakajima Junko

なかじま歯科医院 院長

歯学博士、ケアマネジャー、元松本歯科大学
非常勤講師
所属する学会・グループ◆日本口腔外科学会、
日本法歯学会、日本歯科人間ドック学会　等
出身大学◆松本歯科大学　口腔外科学講座
座右の銘◆為せば成る

寒冷地なので暖かく地震に強い北欧住宅・
スウェーデンハウスにした

なかじま歯科医院

長野県松本市
従業員数◆３人
ユニット数◆３台

口腔外科の研究で海外論文も

子供のころから働く両親、特に母の姿を見て育ったので、女性でも一生続けていける仕事をしたいと考え、歯科医師の道に進みました。３校合格した歯科大学の中から、自宅から通える松本歯科大学を選びました。大学では入学時に新入生代表の宣誓を、５年生の時は卒業式での送辞、６年生の時は入学式での新入生歓迎のあいさつ、という大変名誉な機会を与えていただきました。

学生時代の臨床実習では実際に患者さんの診療をしたので、毎日毎日が真剣勝負、かなり厳しい実習を経験しました。卒業後は母校の口腔外科学講座に残り、教育、臨床、研究に従事しました。

医局には女性歯科医は2名しかおらず、男女分け隔てなく同じ仕事が割り振られました。当時から現在まで、私は仕事の場では自分を女性だと意識して働いたことはありません。常に真剣に診療をしていたためか、卒後1年目で私あてに抜歯依頼の紹介状を送っていただくことが何度もありました。「先生に親知らずを抜いてもらったら痛くなかったので、母の親知らずも抜いてほしい」とお母さまを連れて来てくれた患者さんもいらっしゃいました。18時間のオペに主治医として入ったこともありましたし、大学で女性教員として初めて国家試験にも同行しました。

研究面でも良い先生方に指導を受け、海外での学会発表や英語の論文を発表する機会にも恵まれ、博士号も取得できました。国際歯科医学会の機関誌『ＪＤＲ』に発表した論文がアメリカのドクターの目に留まり、彼が主幹したフランス・ニースでの医科の学会に招聘していただいたこともありました。

アメリカのドクターに招聘されて
参加したニースの医科学会で

自衛隊歯科医官時代の射撃訓練

陸上自衛隊で歯科医官に

大学で6年半勤務した後は、陸上自衛隊に歯科医官

ハワイアンテイストの待合室。長年続けているフラではディズニーランドのステージで踊った経験も

として入隊しました。歯科医官は自衛官なので、制服を着て、階級も付きます。私は入隊時には1等陸尉、退官時は3等陸佐でした。自衛隊では通常の歯科治療の他にも、隊員さんの健康相談、カウンセリング、救急蘇生法の指導やヘリでの患者搬送訓練など、さまざまな業務を経験しました。年に一回、拳銃射撃の訓練もありました。自衛隊でも全力で仕事をしていたので、今でも自衛隊時代の患者さんが、当院に通院し続けてくださっています。

滅菌にこだわった医院づくり

２００３年1月、地元である四賀村（現・松本市四賀地区）で開業しました。過疎化が進み、限界集落も多い地区ですが、開業当初から地元の方に加えて東京や関西、北九州等から信州・安曇野に移住して来た方々が紹介で通院してくださっています。開業する前から米軍基地や海外の医療施設の見学をしていたので、開業時にこだわったのは滅菌システムです。滅菌できる物は全て滅菌し、数年前にはＤＡＣユニバーサルも導入しました。

患者さんの無料送迎車「アロハ号」

米軍横須賀病院での講演

診療では「全ては患者さんの笑顔のために」を目標に、「家族を治療する気持ちで」「患者さんをリスペクトする」「常に『真実の瞬間』を感じていただけるように」と心掛けています。高齢者が多い地区ですが、お元気な方も多く、日々の診療にやりがいを感じています。「先生のところは痛くない、怖くない」「噛めるようになった」「いつも入れ歯の調子が良い」と言っていただくのが一番の喜びです。

また、自衛隊時代にケアマネジャーの資格を取ったので、介護予防教室などで口腔ケアや誤嚥性肺炎等についてのお話をさせていただくこともあります。一人暮らしで通院が困難な患者さんも多いので、ご希望があれば無料で送迎をしており、送迎車は「アロハ号」と呼んでいます。

２０１４年９月には米軍横須賀病院の歯科部長から依頼があり、歯科の教育ミーティングで米軍の歯科医の先生方に講演をさせていただきました。日本人が講師をすることはほとんどないとのことで、大変貴重な経験となりました。

周囲の支えや〝ハワイ愛〟が励みに

今になって思うのは、大学時代の大変だった臨床実習での経験、同期生たちとの助け合いが、日々の臨床での大きな支えになっているということです。２０１４年11月、卒業後27年ぶりの同期会が開かれ、懐かしい友人たちとの再会を果たしました。今はＳＮＳのおかげで日本中の同期生とつながることができ、日々の臨床での話をしてお互いにサポートし合っています。

忙しい診療の合間に何とか時間をつくり、子供たちの休みに合わせて家族で大好きなハワイ島に行くのを、毎日の仕事の励みにしています。向こうには親しい友人も何人かいます。診療室もハワイアンテイストで飾り、ＢＧＭもハワイのＦＭを流しています。

27年ぶりの同期会

私が女性として働き続けることができるのは「歯科医師」としての資格があるおかげです。この道に進ませてくれた両親や、いつも忙しくしている私を支えてくれている家族に感謝しながら、毎日仕事をしています。

開業医 「リラックス」と「おもてなし」を心掛ける

七沢 久子

Nanasawa hisako

七沢歯科医院 院長
山梨県歯科衛生専門学校 校長

所属する学会・グループ◆国際歯科学士会（ICD）日本部会、ピエールフォシャールアカデミー（PFA）国際歯学会日本部会、日本歯科医療管理学会、日本バイ・ディジタルO－リングテスト協会認定歯科医
出身大学◆神奈川歯科大学
座右の銘◆日々是好日
人物評◆子供のころからの友人いわく「久子さんは小学生のころと同じで好奇心旺盛。興味深いものに出合ったら、どんどん突っ走っていく。笑顔がひまわりみたい。会うといつも気持ちが明るくなるわ」

七沢歯科医院

山梨県甲府市
従業員数◆８人
ユニット数◆４台

おもてなしの気持ちで患者と向き合う

モットーは、明るく前向きに、確信を持って生きること。他者の幸せを祈ること、慢心しないことも常に心掛けています。

理想的な医療は、スタッフと情報を共有することや働きがいのある職場づくりから始まります。目標は『世界に向けて開かれた』おもてなし歯科医院」。

応接間にお客さまを迎え入れ、心をこめてもてなす。そんな気持ちで患者さんと日々向き合うことを理想としています。

リラックス空間目指す

大切にしているのは医院全体に流れる「空気感」。来院した方の心が安らぎ、安心して治療が受けられ、リラックスして過ごせる空間とはどのようなものか、常に研究しています。副交感神経優位になると、患者さんの身体はリラックスし、心も穏やかになります。

「副交感神経優位」を作り出すアプローチは、

①「快」の情緒語（ありがとう、大丈夫、うれしい等の

診療室のユニット『エステチカE80』や、天井のライト、手洗い台などには、
井坂健一郎氏デザインのオリジナルシールを貼ってある

心地よい言葉）を会話に織り交ぜ、「心のスイッチ」を切り替える

②『クラム（当院で開発、商品化した爪もみ器）』を使って「身体のスイッチ」（＝手のひらのツボ）を切り替える

③『エイクレス』『アコースティックベッド（振動音響ベッド）』『ロゴストロンシステム（言語周波数発生装置）』など各種機器を活用し、患者さんに心身丸ごとリラックスしていただく

『エイクレス（超音波振動駆動装置）』
を経絡治療に利用している

私の開発したリラックス器機他

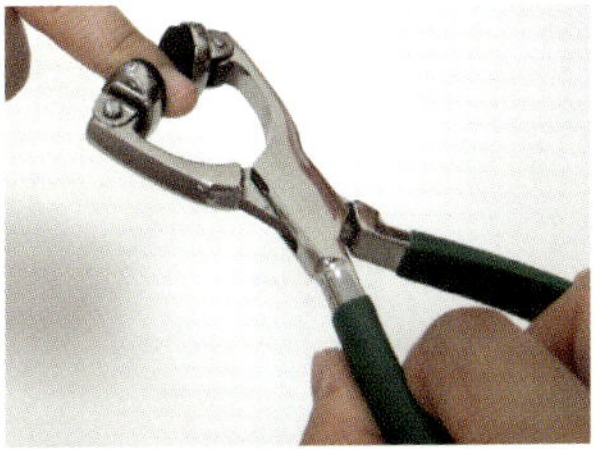

当院で開発、商品化した爪もみ器『クラムH1』。小指の井穴を挟んでツボを刺激するとリラックス効果があります。

診療室の隣の部屋に、内部に16個のスピーカーを組み込んだ音響ベッド『アコースティックベッド』を設けました。スピーカーの上に敷いたシリコンクッションシートと空洞のハニカム構造で体重を分散し、音と振動の相乗効果によってリラクゼーション、体温の上昇、デトックスなどが期待できます。

治療する側もいつも気分よく朗らかで、リラックスしている必要があります。

２０１０年に医院をリニューアルし、ユニットもドイツ・ＫＡＶＯ社の『エステチカＥ80』を導入しました。診療室全体の雰囲気が患者さんにも影響を与えるため、『アコースティックベッド』を取り入れ、癒やしのスペース（一室）を院内に併設しています。２０１５年７月にこの部屋も改装しました。

うつ症状の改善も

私は「治す力を引き出すことが、医療の原点」と考え、その方の免疫力を上げるためのさまざまな最新の医科学のツールを利用して、日々診療に当たっています。診療室自体の雰囲気が好きといってくださる患者さんも多く、『アコースティックベッド』などで日ごろの緊張をほぐして帰る方も。うつ症状が改善する症例も、多々あります。

育児をしながら開業、娘も歯科医に

苦労した思い出は、長女を出産後８カ月で開業した

院長（左から4人目）とスタッフ一同

ことです。次女はその3年後に出産しましたが、生まれる前日まで診療していました。私の妹も歯科医で、妹も長女を出産して3カ月目でしたが、私の医院を手伝ってくれ、そのおかげで診療を続けることができました。やはり「まず、健康！」と今更ながら感じています。

開業してから33年経ちます。「お母さんが楽しそうに働いているのを見て育ったから、私たちも自然に同じ道を選んだのよ」と言ってくれる2人の歯科医の娘たち、長年勤務してくれるスタッフや、支えてくださっている周囲の皆さまに心から感謝しています。

「ドア一つで切り替える」

仕事と家庭の両立はなかなか大変ですが、家庭を大切にしつつ、自分の仕事も続けていく秘訣を一言で言うと「ドア一つで切り替える」ということ。私は自宅にあっては妻、母。診療室にあっては歯科医。その役割を自宅と診療室をつなぐ廊下のドアの行き来で切り替え、気分を新たにその役割に集中します。そうすることで、その役割でしか見いだせない幸せや喜びを発

診療室の手洗いコーナー

見できるように思います。

女性歯科医師の強みは「優しく母性的」で、患者さんに安心感を与えられること。その具現化として、院内全体をバラのイメージで統一し、柔らかな雰囲気づくりを心掛けています。

パワーの源（趣味、健康法、パワースポット等）

趣味は書道、コーラスで、娘とともに通う感性美学の教室はパワーの源です。また、毎日を〝喜び探しの日〟とします。毎年、クレド（私の信条）を作り、自作の日めくりカレンダーを診療室に置いて、皆さんに見ていただいています。

お花を生けていると、いつも元気になります。手もみ健康法も続けています。

パワースポットは、自宅の庭にある美術家の井坂健一郎氏デザインの建物です。

庭にある「祝殿」

開業医 ―「子育て支援」「美容」に力点

根本 京子

Nemoto Kyoko

ねもと歯科クリニック 院長

所属する学会・グループ◆逗葉歯科医師会、日本口腔外科学会、日本臨床歯周病学会、日本アンチエイジング歯科学会（認定医）
出身大学◆昭和大学歯学部
座右の銘◆「我以外皆我師」（自分以外の、人でも物でも皆、自分に何かを教えてくれる先生だという意味）。開業するに当たり、恩師に贈っていただいた言葉で、いつも見えるところに置いています

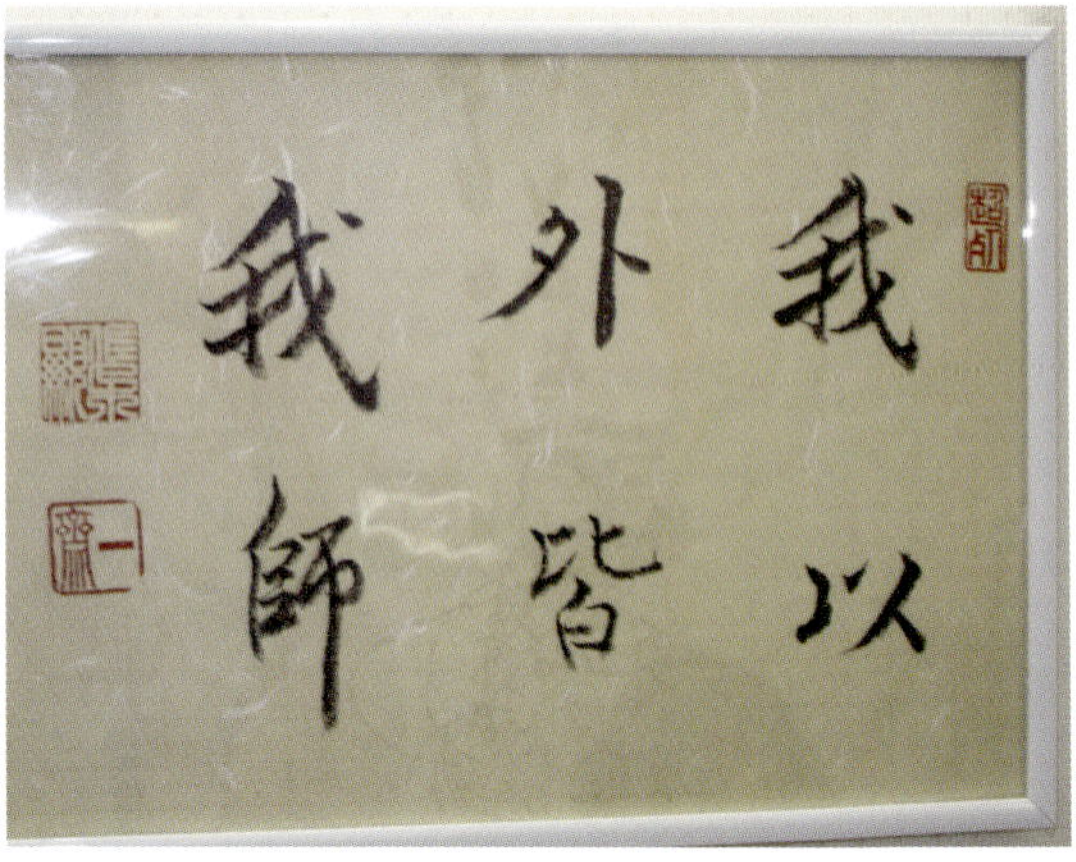

ねもと歯科クリニック
(ホワイトエッセンス新逗子)

神奈川県逗子市
従業員数◆9人
ユニット数◆4台

通うと健康になる歯科医院に!

診療方針は、「通えば通うほど笑顔がすてきになる。通えば通うほど健康になれるような歯科医療を目指すこと」。

患者さんの希望を可能な限りかなえられるように、患者さん一人一人のお口の中の状況の説明と治療方針の相談の時間をとても大切に考えています。歯科医院は痛くなってから行くところではなく、ご自身の健康を保つため、キレイになるために定期的にメインテナンスに行くところ、と安心して楽しんで通っていただけるような診療を心掛けています。

子供連れに配慮した院内

私自身3人の子供(高2、中3、年長)を育てているので、小さなお子さんをお持ちのお母さんが安心して通えるようなクリニックになるように、できるだけ配慮しています。

ベビーカーでもOKな(もちろん車いすにも)スロープやキッズルーム(絵本、おもちゃにも配慮)、トイレにはおむつ替え用ベッドを設置、診療室にはベビーカーごと入れるスペースや、診療時に飽きないようにDVD鑑賞ができるようにしています。もちろん頑張った子供にはごほうびもあり、歯医者は怖いところではなく、楽しく笑顔になれるところと思ってもらえるような工夫をしています。

逗子という立地を活かし、湘南らしい開放的な建物

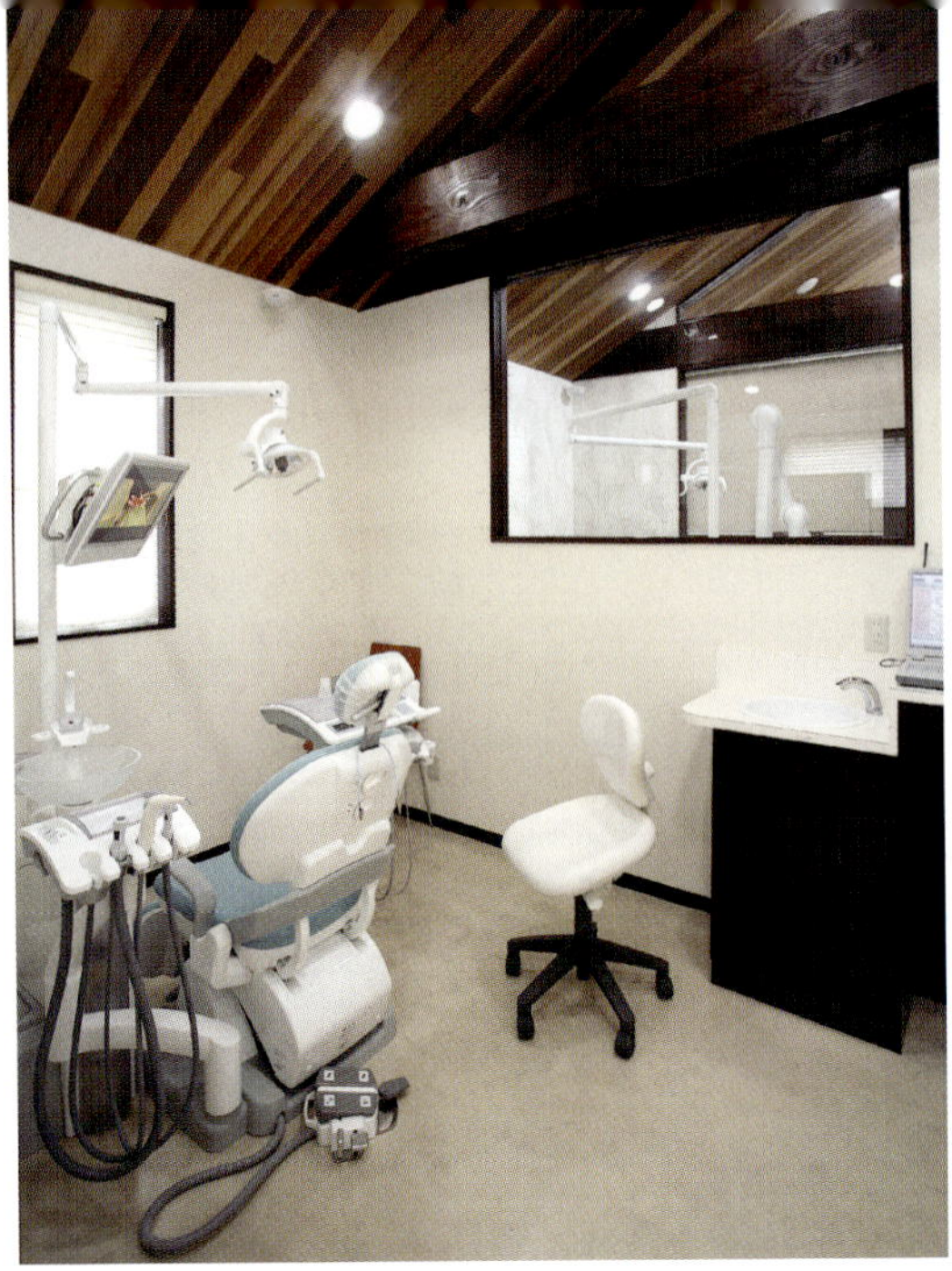

診療室

やインテリアにして、夏はスタッフ皆と制服にアロハを着たり、音楽をハワイアンミュージックにしたり、できるだけリラックスできるようにしています。

女性ならではで、口腔内だけでなく、口周りのケアにも関心がある方からのご相談を受けることも多く、ホウレイ線やリップのケア、しわやリフトアップだけでなく、顎のたるみや顔全体の筋肉の引き締めなどに、『エレクトロポレーション』という機器を使用した高濃度プラセンタによるフェイシャルのお手入れもできるようにしています。現在は個室の診療用ユニットで行っていますが、来年には専用のお部屋ができる予定で、皆楽しみにしています!

組織づくりの分岐点

審美歯科チェーンのホワイトエッセンスに開業6年目の2012年に加入しました。

その時に、私の目指すベクトルと合わないスタッフにやめてもらうなど、精神的にも体力的にも大変な思いをしました。どうしてもスタッフと女同士、皆一緒という感があったり、私自身がクリニックを維持する

キッズルームと受付

のに精いっぱいだったりで、組織のリーダーとしてまとめきれない感じがあったのです。

スタッフに対して優しく接し、意見をよく聞いたり、誰にも公平に接することに日々気を配ったりしていても、実際のところ、私の思いとは逆に、緊張感のない、ゆるい人間関係しか築くことができませんでした。

「スタッフから嫌われたくない、むしろ良く思われたいという感情は組織をつくる上で全く必要ない」と気が付いたあたりから、私自身が少しずつ変わってきたのかなと思います。

また、モヤモヤと悩んでいた時に、マネジメントを学ぶチャンスがあり、素直に実践したことも、今の組織づくりにつながりました。

①目標を明確にして計画(まず1年先まで)を立てる。②計画の内容を実践してみて毎月必ず見直し、チェックする。③課題点の改善策を考え、計画を立て直す。これを毎月繰り返していきました。

まず始めたのは時間・規律を守るなど、当たり前のことからです。そして、朝礼や終礼を取り入れ、毎月半日、全員参加のミーティングを実施し、目標や課題

スタッフとミーティング

点を話し合い、共有すること。毎日全員に日報を書いてもらい、私がコメントを入れること。スタッフ一人一人と月に一度、昼休みに面談を実施することなどを、2年繰り返していったころから組織が変わり始めました。

いまだに時間的に余裕がなく、タイムマネジメントも、また体力的にも大変ですが、精神的にはかなり自由になりました。経営をしていく上で、これは大きい収穫でした。

現在、開業9年目、ホワイトエッセンス3年目にして、やっと組織らしく、メリハリがあり、とても良い雰囲気や風土ができてきているところです。スタッフにとってやりがいのある職場にするために（これは患者さんへ直結します）、日々戦っています。

スタッフと毎日、日報のやりとり

スタッフに書いてもらっている日報の内容は、その日にあった良かったことやできなかったこと、次の日にやるべきことなど。私が一人ずつにコメントを書くことで、それぞれが自身の目標に向かって成長していく姿が見られたり、課題点が見つかったり、すごく良いな、と実感しています。

　また、スタッフ向けにお薦めの本や勉強会の内容、院内のイベントやお知らせを盛り込んだプリント「ねもしか通信」も作っています。スタッフ皆と情報を共有できるという点が組織には大切だと感じるからです。

　毎週水曜日の朝の勉強会や、月に一度の半日ミーティングでは、スキルアップだけでなく、各自の目標を話したり、クリニックの課題点の改善策を考えたり、人間力や心を高めるために稲盛和夫さんなどの本を読んで感想を話し合ったりしています。これを、繰り返して続けることで、やりがいやモチベーションのアップにつながっているのではと感じます。

家族の応援が元気のもと

　やはりこの仕事は家族の支えがないとできないかな、と思います。皆すごく応援してくれています。この場を借りて、本当にありがとう!!

　子供たちにとっては決して良い母ではないと思います（土曜日の行事には全く出られず、もちろん平日も、いろんなことは各自にお任せ）。反抗期はとても大変ですが、その分、随分自立しているかも、とポジティブに考えるようになりました。全然良い妻でもありません。私はいつも仕事ばかりしています。義母にとっても全く良い嫁ではありません。逆に家のことは私がかなり頼っているかと思います（笑）。

　趣味をしている時間が今は全くありません。だけど、ちょっとでも時間が取れれば、本を読んだり（図書館や本屋さんが大好き）、泳いだり（海でも）、走ったり山を歩いたり（基本的に体を動かすことが好き）。最近気に入っているのがピラティスで体や心を整えること（月2回のペースですが）。旅行も好きです。

　好きな音楽を聴いて、インテリアの本や写真集などを眺めたりしながらコーヒーを飲んでリラックスします。

　海を眺めるのもシュノーケリングで潜るのも大好き！　シーフードを食べるのも大大好き！　パワースポットは海ですね！

開業医――子供と共に生涯現役！

萩原 洋子

Hagiwara Yoko

医療法人社団昭洋会 理事長
介護老人保健施設ケアポート田谷
萩原デンタルクリニック

所属する学会・グループ◆日本歯科医師会、日本小児歯科学会、日本外傷歯科学会
出身大学◆日本歯科大学大学院生命歯学研究科（旧・日本歯科大学大学院小児歯科）

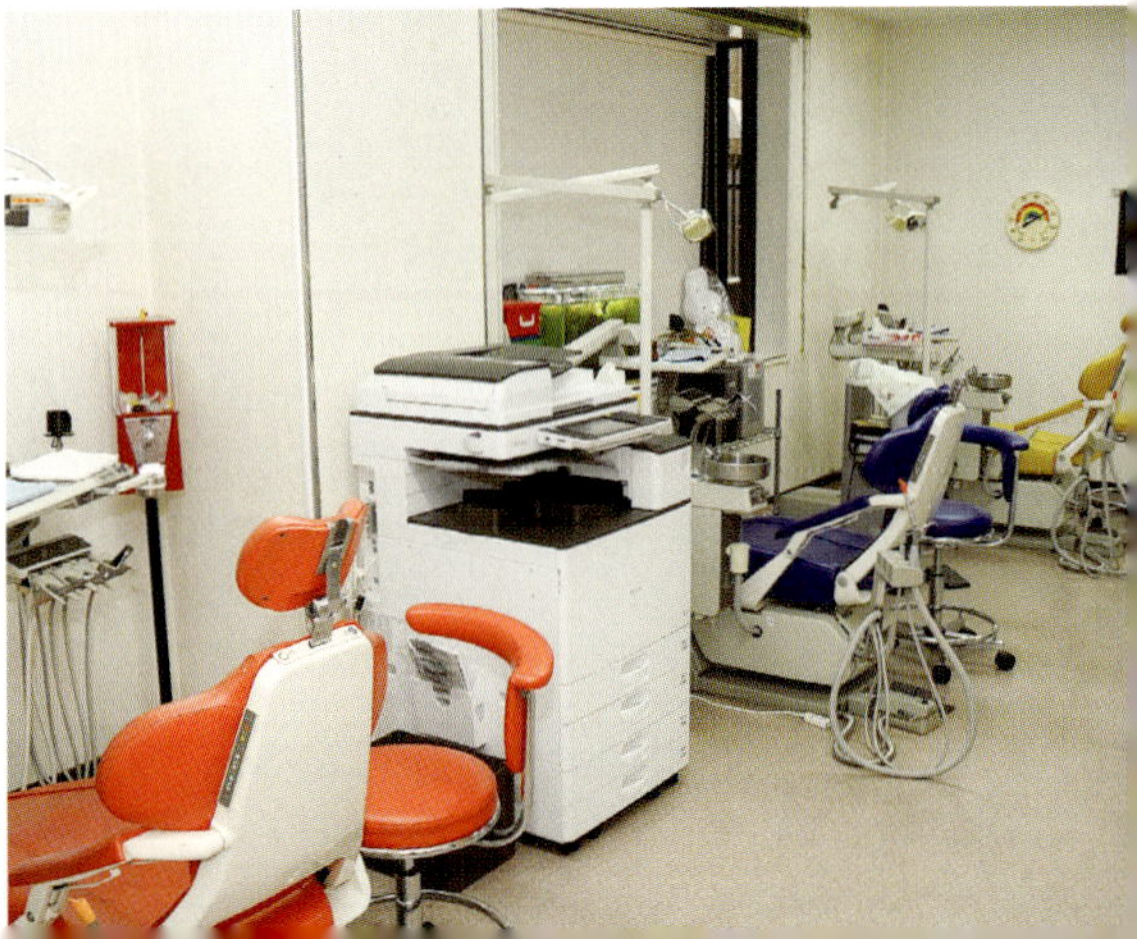

医療法人社団昭洋会
萩原デンタルクリニック

茨城県取手市
従業員数◆11人（歯科医師常勤1人、非常勤3人、歯科衛生士3人、歯科助手2人、受付1人、歯科技工士1人）
ユニット数◆7台

小児と補綴の診療所

母校の小児歯科を退職後、歯科医院を開業してはや三十数年、「光陰矢の如し」とはよく言ったものだと、しみじみ感じる今日このごろです。

開業地には東京のベッドタウンを選びました。診療室は小児歯科と一般歯科と二部屋に分かれ、それぞれユニットが3台。受付、消毒室、レントゲン室は共用です。その他に一番奥に小さな個室があります。小児歯科は小児専門医、一般は補綴専門医が引き受けています。一般はそれぞれブースに分かれて配置、小児歯科はユニットを赤、黄色、青と色分けして子供たちが自分の座るユニットがすぐ分かるようにしました。

東京のベッドタウンとして成長してきたこの地も、小児の減少が進んでいますが、私が小児歯科専門医ということもあり、周りの歯科医院と比較すると小児の患者数は多いと思います。

子供たちが安心して治療できるように

子供を治療する上でのモットーは、治療時、危険が伴うと思われる障害児や言葉が通じない小さな子供（2歳8カ月以下を目安）以外は、歯科衛生士や歯科助手の人たちの手でさえも拘束は極力しないということです。子供がいつも安心して、「ちょっと嫌だけど、ちょっと頑張るよ」という気持ちで、ニコニコと治療が受けられるようにと願っています。昨日のこと、今日のことをおしゃべりしながら歯科医院への来院が日常の一コマの出来事であるように、治療時間を初めのうちはゆっくりと取り、話を理解し、納得するまで気長に気長に話をします。

「先生嫌い」「そお～？　でも先生は寛太君好きだよ！」などと言いながら、時には気が急くこともあり

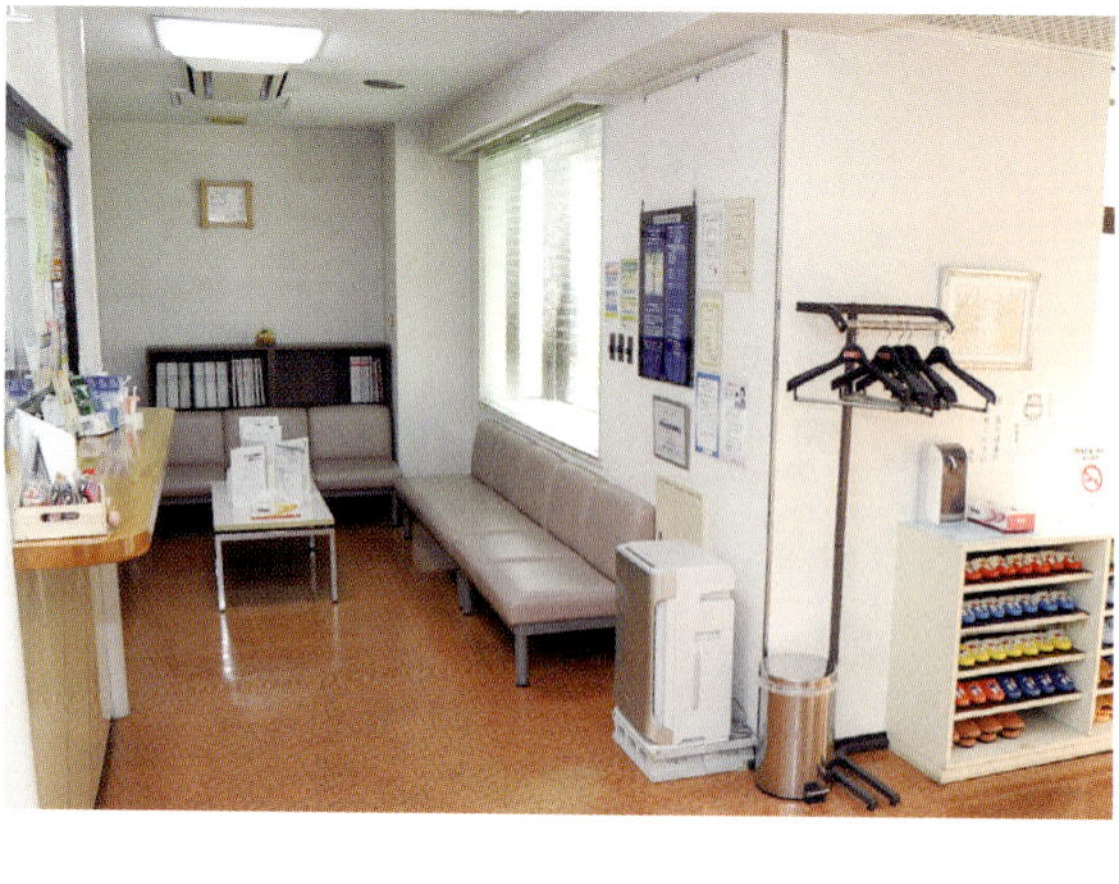

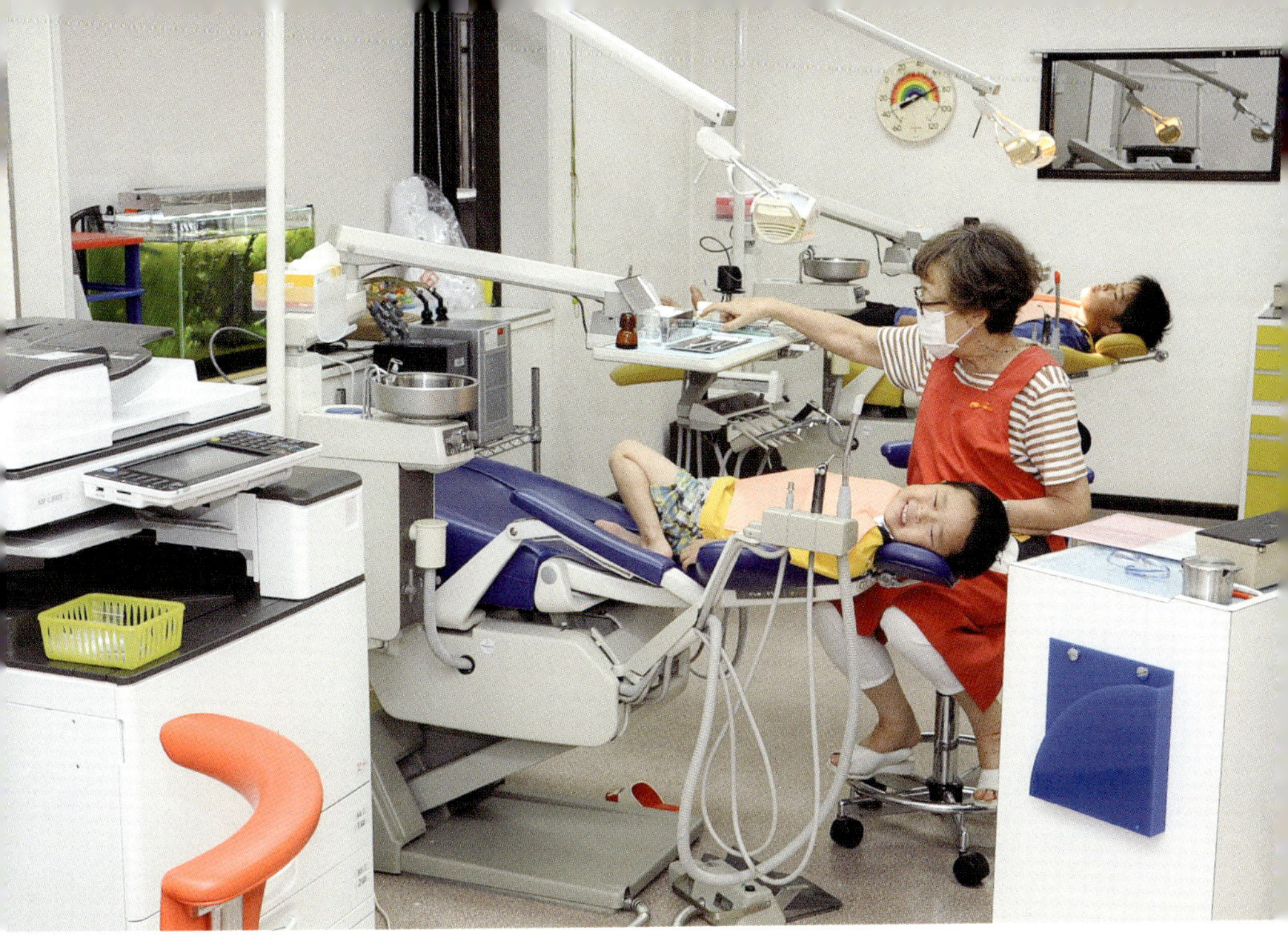

ますが、「ここ一番！」と腹をくくって子供と我慢勝負です。徐々に変わっていく様がなんともかわいい気がします。2〜3回は時間がかかりますが、その後は無駄に長い時間を取らずにすむようになるので「勝負あり」という感じです。

どうしても大騒ぎでユニットから転がり落ちそうな子供の場合は、小さな個室が威力を発揮します。子供と2人で個室に入り、寝転んでバタバタしようが、走り回って、椅子をたたいて癇癪を起こそうが、騒ぎを制することなく、自然に自分からパワーダウンするまでじっと付き合います。この部屋には大きなマジックミラーの窓ガラスを入れました。子供からは見えませんが、親、歯科衛生士、歯科助手の人たちが中の様子を常に見ることができます。外が見える窓とマジックミラーの窓とで閉塞感は防げます。

診療室と待合室の間のドアは下半分を素通しのガラスにしました。目的は二つ。ドアの開閉時に外で遊んでいる子供にぶつかってケガをすることのないように、そして中の子供の治療の様子が見えるように……。これはなかなか好評で、時には三つぐらい顔が

ガラスにくっついていることがあります。中をのぞきながら手を振ったり、Vサインをしたり、とてもかわいい光景です。

必要とあらば、どこでも参加

卒業後四十？？年、母校の非常勤講師、小児歯科学会役員、地区歯科医師会会長（小さい会ですが）、県歯代議員、衛生士学校講師、そしてゆりかごから墓場までとばかり老人保健施設の設立・運営など、いろいろなことに参加してきました。必要とされる間はどんなことでも喜んで参加し、手を抜くことなく頑張っていこうと決めています。

現在、歯科医師は11万人弱います。そのうち4分の1が女性歯科医師です。しかし、歯科大学・歯学部の学生在籍数をみますと、2429人（男子1362人、女子1067人、文科省調べ、2015年7月現在）となっています。この様子から近い将来、女性歯科医師数が半数を占めることが予想されます。

ひょんなことから地区の歯科医師会会長を13年間務めさせていただきました。「女性の会長って珍しいね！」「男性歯科医師の中でいろいろ大変でしょ!?」とよく言われましたが、先生方の意見を十分聞いて最後は自分の責任のもと決断すれば、後のいろいろな仕事は先生方が喜んで手を貸してくださいました（お願い上手を振り回しているわけではありません）。

女性が社会進出をするのは大切なことです。エイッと踏み出せば何とかなるものです。日本歯科医師会でも女性歯科医師の力を社会に還元してもらうために産前、産後、家族の介護と診療所の機能がマヒしないように援助のシステムの構築を検討していると漏れ聞いています。

そうした中で、私の一番のモットーは、「子供とともに生涯現役」です。

自慢の品

亡くなった父の遺品を整理している時、面白いものを見つけました。昔の歯磨き粉の袋の収集です。

歯磨剤は私が考えていたより随分昔からあるようで1550年ごろエジプトの『パピルスエベレス』という本に載っており、インド、中国、朝鮮、日本と渡ってきたようです。寛永20（1643）年に丁子屋喜左衛門が「大明香薬砂」として商品化しました。そのころの歯磨剤は、房州砂を石臼でひいて粉末にし、樟脳、唐辛子、丁子などの香料を加えたものです。江戸時代には歯磨き粉が江戸っ子のブームとなり、「歯磨きせずば江戸っ子にあらず」と言われ、房楊枝にこれをつけ、歯磨きをしてから颯爽と吉原に繰り込んだと聞きました。

歯磨剤の袋はカラフルで、時代を映したいろいろな図柄があり、人気の歌舞伎役者、ペリー来航の黒船、明治になると「勝利香」と銘打って明治維新の立役者の西郷隆盛や大久保利通、文明開化の香りも高く「The tooth polishing powder」などさまざまです。時々その袋を眺めながら父をしのび、その時代に思いをはせています。これが私の自慢の品です。

開業医 ― 育児との両立で歯科医師会の役員も

濱 昌代

Hama Masayo

はま歯科医院 院長

所属する学会・グループ◆日本歯科医師会、床矯正研究会、EBAC（Excellent Breath Alliance Clinics）、日本口臭学会、日本病巣疾患研究会
出身大学◆徳島大学歯学部
著書◆『予防歯科Year Book 2006-2007』（クインテッセンス社）共著、『日本歯科評論』Vol.67(6)：“良い顔”を育成するために　－床矯正を取り入れて（ヒョーロン・パブリッシャーズ）、『行列のできる歯科医院４・女性院長奮闘編』（デンタルダイヤモンド社）共著

はま歯科医院

岐阜県羽島市
従業員数◆９人
ユニット数◆４台

「早期発見・長期観察」が大切

どのような病気でも「早期発見・早期治療」が患者さんの負担を軽くすることは言うまでもありません。なるべく早く発見し治療を受けた方が、身体的・精神的にも時間的にも金銭的にも負担が少なくて済みます。

ただ、早く見つけたからといって、必ずしもすぐに治療を……というわけではありません。治療をするにはベストな時期があるため、早期に問題点を見つけ、状態を確認し、観察していくこと、つまり「早期発見・長期観察」が大切になるのです。

私たちは「健康を大切にしたい、と思う人を増やしたい」「健口（お口の健康）を大切に考える方のサポートをしたい」と考えています。

視覚で「伝える」工夫

当院では「伝えること」にこだわっています。

まず、患者さんに見てもらいたい部位を、ＣＣＤカメラにて各チェアに設置しているモニターに映し、口

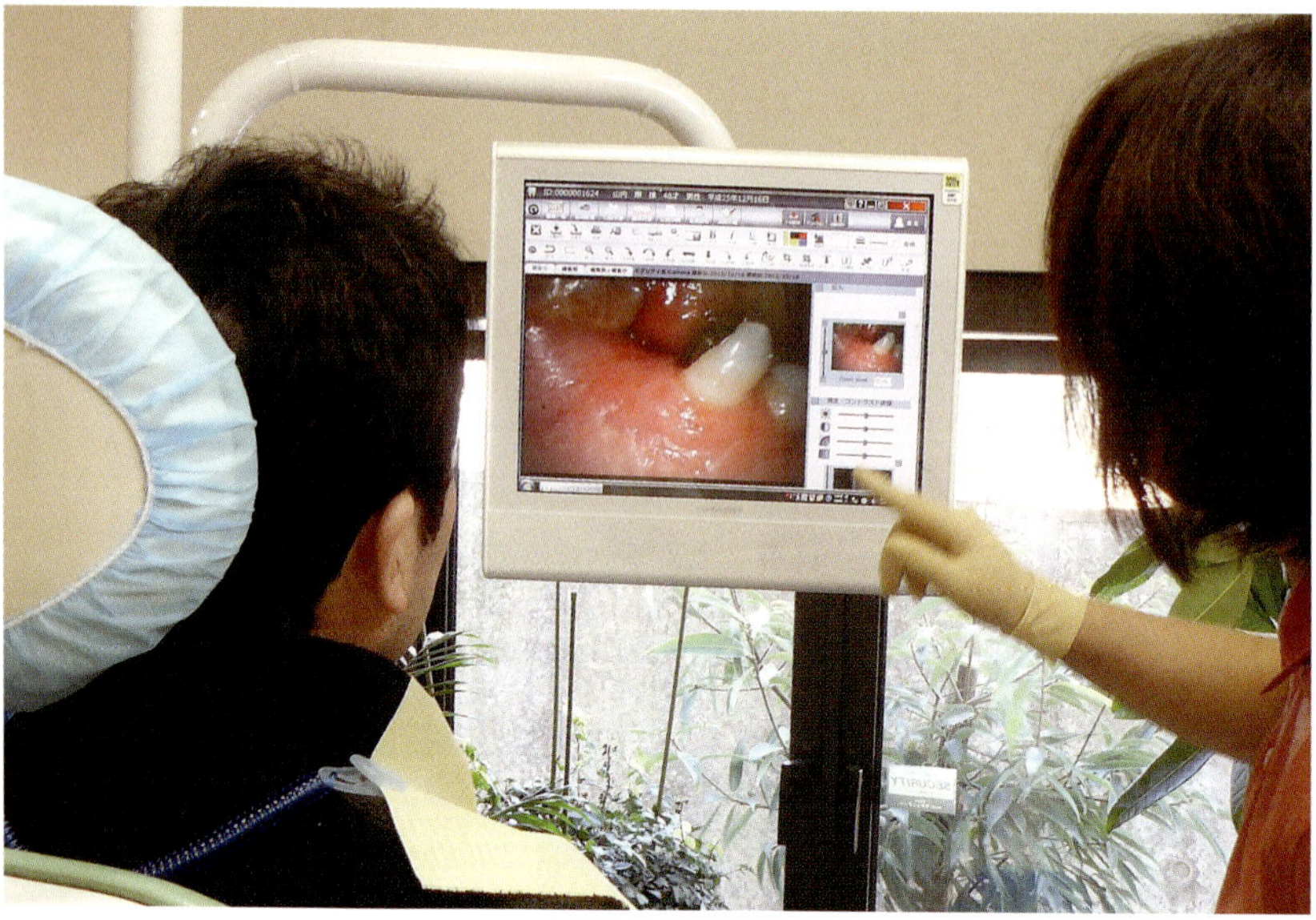

写真で見せると一目瞭然

腔内の状態を理解してもらっています。そして、自院作の説明用ツールやモリタ『Trinity Core』等で、疾病の原因や治療方法とそのメリット・デメリット等について説明しています。同じツールを使うことで、皆が同じレベルで患者さんに説明することができます。画像はモリタ『i-view』にX線デジタル画像等とともに保存し、術前、術中、術後の過程を示すこともできます。

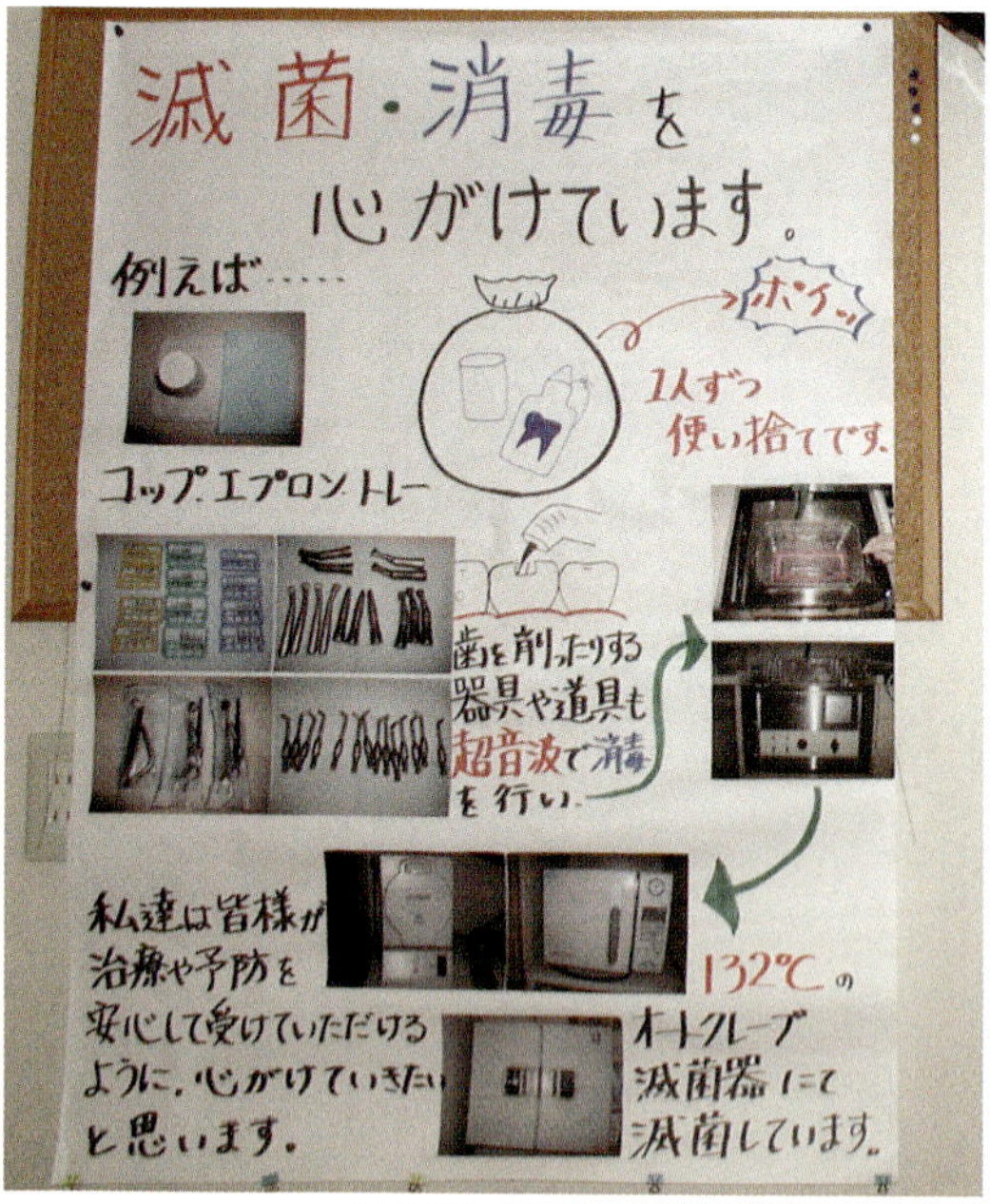

待合室に掲示している手作りのポスター

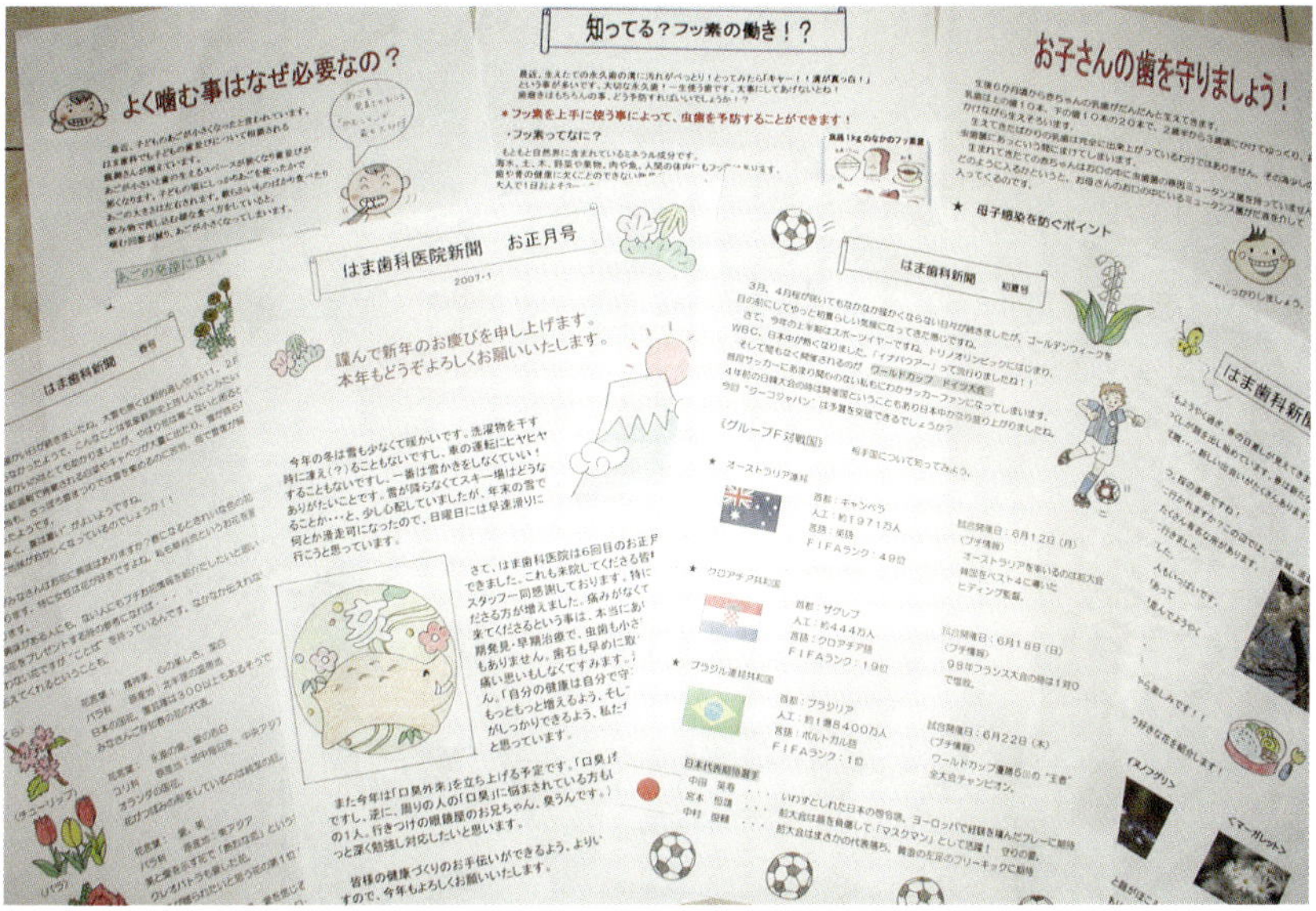

季刊だった院内報も、今では毎月発刊

むし歯や歯周病検査、口腔内写真等はプラネット『Dental X』を使って資料とし、患者さんにお渡ししています。家でじっくり目を通してもらうこともできますし、患者さんとのコミュニケーションツールにもなります。

待合室には、「口腔ケア」や「歯周病と糖尿病」「歯並びや噛み合わせと姿勢の関係」など、その時々に患者さんに伝えたいことを題材に、スタッフが手作りのポスターを掲示している他、院内報「わは歯ニュース」

わは歯ニュース　5月号

季節の変わり始めは何となく体がだるくなりますよね。温度変化に体がついていけず免疫力が低下しているのかもしれません。

わたしたちの住む日本には、納豆や味噌・漬物・塩辛・醤油・酢などの発酵食品があります。これらは熟成させることで体を温めてくれるものが多く、いずれも腸内環境を整える効能があり、腸内環境が良くなると、免疫力を急速に上げることができます。
また、腸内環境が整うと、便通が良くなり、からだの中にたまっていた老廃物などを効率よく排出すると、さらに免疫力があがるといわれています。

みそのパワーをいただく上手な使い方

［みそ汁は朝の毒消し］
昔からの言い伝えで朝のみそ汁は体のよいとされてきました。みそに含まれる成分には体によいものが多く、毎朝１杯飲むことで健康が維持できることを昔の人も経験的に知っていたのでしょう。
またみそに含まれるコリンという物質には、肝臓に入ったアルコールが脂肪となって蓄積するのを防ぐ作用があります。そのため、みそ汁は二日酔いにもよいとされています。

二日酔い

［みそ汁は具だくさんがおすすめ］
厚生労働省の指針では１日の塩分量の目安は男性で 9g 未満、女性で 7.5g 未満とされています。また、日本高血圧学会では、高血圧の人には１日 6g 未満が目安になっています。それに対してみそに含まれる塩分の含有量はみその種類にもよりますが、大さじ１杯でも約 1.9g。かならずしも多いとは言えない量です。

それでも塩分が気になる方は具だくさんがおすすめです。具だくさんにすることでみその使用量を減らすことができますし、成長期であればかむ回数も増え顎の発育にもつながります。

［野菜と組み合わせて減塩効果をアップ］
ナトリウムはカリウムと同時に摂取すると体外に排出されやすくなるとされています。
カリウムの多く含まれている野菜や芋類（ほうれん草、タケノコ、山芋、里芋、じゃがいも）、海藻類（ひじき、青のり、わかめ）を使えば減塩効果は一層高まります。

院内報「わは歯ニュース」

ベテラン、中堅、若手の素晴らしい仲間と

も開業当初から引き続き発刊しています。テレビモニターでは「元気はつらつ体操」や「口臭」「食育」のDVDを流しています。

ピンチがチャンスに

開業して7年目、歯科衛生士2人のうち1人が出産のため退職することになりました。それまでにも衛生士の募集は出していましたが、ほとんど応募なし。これまでの診療スタイルを変更しないといけないかと腹をくった時、「きちんとした歯科衛生士業務をやりたい！」と1人の衛生士が面接に来て、即採用となりました。

彼女はとても仕事熱心で、翌年採用した新人衛生士とともに山形・酒田市の熊谷崇先生の「オーラルフィジシャンコース」を受講。当院の定期管理型診療スタイルの基礎を作ってくれたのでした。

毎週テーマ別のミーティング

毎週火曜日、午前の診療を少し早めに切り上げ、ミーティングを開いています。1週目は自分の担当の仕事の整理、2・3週目は受講した研修会の報告や歯科衛生士や歯科助手に分かれてのミーティング、4週目は前月の収支やリコール率、キャンセル率、ヒヤリ・ハット等の報告とランチ会を行っています。

歯科医師会の理事も

やはり診療と家事、育児の両立は大変かと。ここに歯科医師会の会務が加わると、さらに忙しいです。会社員の夫が家事や育児に協力的ですし、開業して4年ほどは実家の母が手伝いに来てくれたので、診療や医院経営に集中することができました。現在は子供も大学生になり、家事を分担してくれています。

岐阜県歯科医師会では理事を務めていますが、女性役員は1人。60人ほどの委員会委員のうち女性は2人。まだまだ男性社会ですね。

夢は「追っかけ」！

趣味は槇原敬之さんのコンサートで、歌って踊ること！　もう少し仕事が楽になったら、マッキーを追いかけて全国行脚の旅に出るのが夢です!!

診療の悩みを解決してくれた一冊

勤務医時代、小さなむし歯さえもすぐに「削って詰める」ことが多く、また詰めたりかぶせたりした歯の再度の治療に「一体いつまで〝削って詰めて、かぶせて抜いて〟を繰り返すのか?」「治療を繰り返すごとに歯が悪くなっていくのでは?」「状態が悪くなって来院すると痛い思いもするし、治せるものも治らなくなる」と悩むことが多かったです。

そんな時に出合ったのが、『明日からできる　診療室での予防歯科』（NPO法人ウェルビーイング編、医歯薬出版）。この本を読んで、「削って詰めて治すだけが歯科治療ではない。歯を守ることも歯科治療なんだ」と、長い間胸につかえていたもやもやが吹っ飛んで、すっきり晴れ晴れとした気持ちになったことを今でも覚えています。この時の想いを胸に、「なるべく、削らず・（神経を）取らず・抜かずの治療をしよう」と心掛けています。

開業医――むし歯にしない、誠実な矯正歯科治療を

平賀　順子

Hiraga Junko

宮の森矯正歯科クリニック 院長

所属する学会・グループ◆日本矯正歯科学会、北海道矯正歯科学会、日本口蓋裂学会、大阪大学歯学会、日本臨床矯正歯科医会、札幌矯正歯科医会、ロススタディクラブジャパン、インターナショナル、World federation of Orthodontists
出身大学◆大阪大学歯学部

広報委員として関わったブレーススマイルコンテストの第1回最優秀賞

宮の森矯正歯科クリニック

北海道札幌市
従業員数◆6人
ユニット数◆3台

宝物になる口腔環境に

当院のモットーは「一生涯、自分の宝とできるようなお口の環境を提供する」です。歯並びとかみ合わせの改善だけでなく、「むし歯にしない矯正歯科治療」を目指して、唾液と口腔細菌の検査も行い、その結果をもとに予防プログラムを立てます。毎回の診療では、必ずブラッシング指導とフッ素塗布を行っています。矯正歯科治療が終わるまでにブラッシングの習慣をしっかりと身に付けてほしいので、口腔清掃後の爽快感を覚えてもらうようにしています。

また、口腔周囲筋のトレーニングを行うことにより、口呼吸ではなく鼻呼吸の習慣付けと舌突出癖など口腔悪習癖の改善をしています。正しい姿勢とすてきな笑顔で治療が終われるように、スタッフの協力を得ながら、日々の診療を行っています。

矯正ライフを楽しんでもらいたい

私が女性であり、母であることから、母親目線での診療を心掛けています。

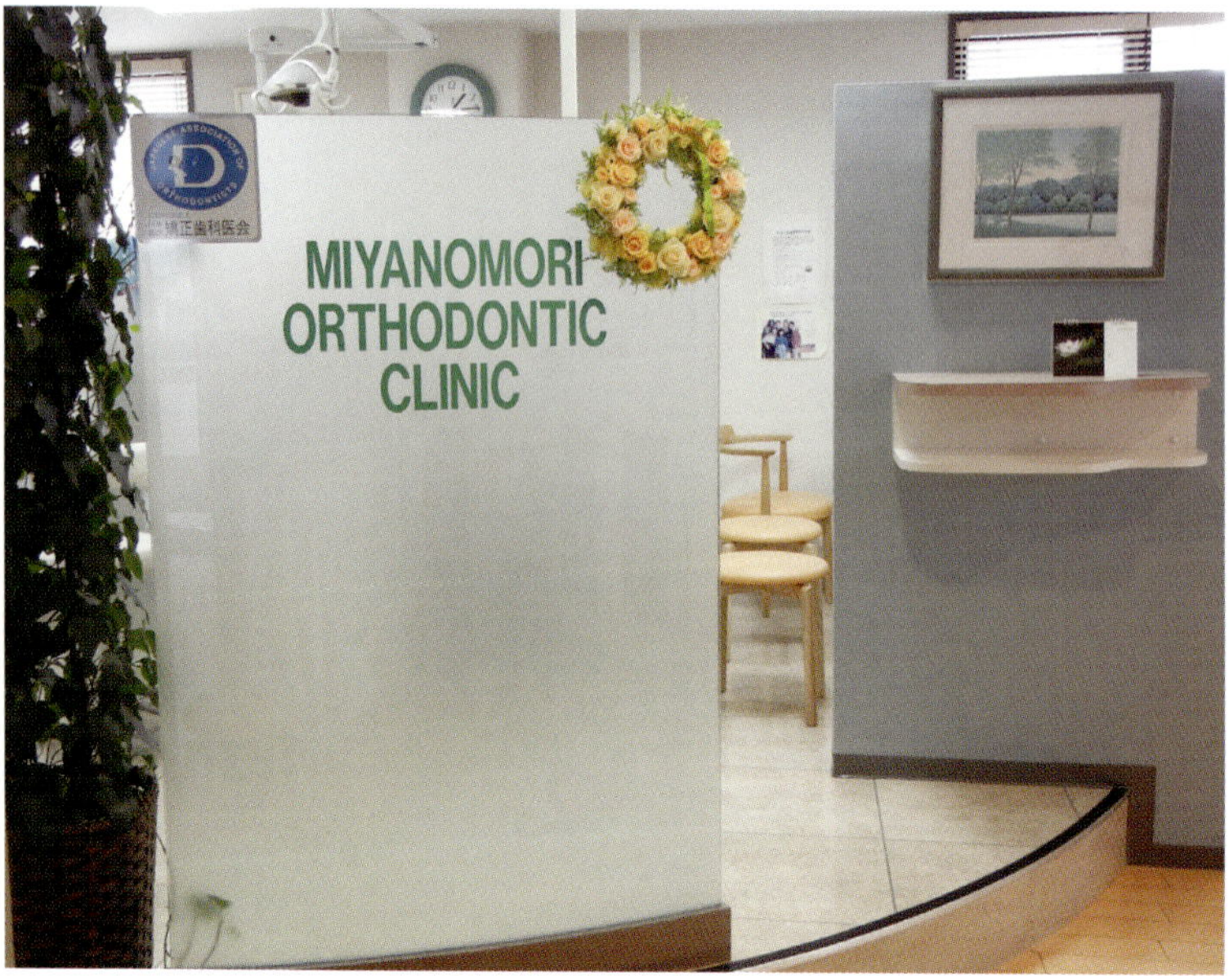

札幌駅から駅前の通りを西にまっすぐ3・4キロ、車で8分の場所にある。さらに車で15分、約4キロ山を登ると、札幌オリンピックで有名な宮の森シャンツェがある

子供の患者さんには治療と学校生活や部活などのバランスを取ること、大人の方には家庭生活や仕事に対する配慮をして、できるだけ矯正ライフを楽しんでもらいたいと願っています。当院に通った患者さんたちが健康で前向きな人生を送られることが、私の目標であり、楽しみなのです。

誠実な診療を心掛ける

聖書の詩篇の中に、「しかしわたしは誠実に歩みます」という言葉があります。私は治療を行う際にこの言葉をいつも心にとどめています。時間が足りないからとか、自分の都合で手を抜きたくなることがありますが、その際に、戒めの言葉として心に響いてきます。患者さんの目に触れない、気が付かないことであっても、例えば、材料にもこだわりを持って選んでいます。

また、矯正歯科治療においては、目に付く歯並びとかみ合わせが気になるところですが、もう一つ大事なこととして、顎関節の問題があります。この顎関節の状態は直接目では確かめられず、手探り状態での治療でしたが、最近はＣＴ画像により、詳細な情報が得ら

年に２回、全てのスタッフが集合し、ちょっぴりおしゃれをして
おいしいものをいただきながらスタッフ会議

れるようになりました。ＣＴ装置は高額でしたが、早い時期に思い切って購入しました。今まで見えなかったものが見えてきて、ワクワクします。

女性の先生方と協力態勢

今の歯学部の学生は半数ほどが女性ということですが、私の時代は女性が1割程度で、まだまだ女性の立場が弱い時代でした。今では女性の中でも妊婦と母親は大学病院でかなり優遇されるようになったと聞き、時代の変遷を感じます。

私は３人の息子の出産後、８週で職場に復帰しましたが、育児が加わると、どうしても時間的な制約が出てきて、男性の方と同等には仕事ができないことで悔しい思いもしました。しかしながら、臨床の場に出ると、母になった経験から、子供の患者さんを思いやる時には、親身に考えられることも多いと気付きました。子育てで苦労したことが役に立つことも、しばしばあります。

また、女性歯科医師だからということで、来院してくださる患者さんも多いです。私は矯正歯科を専業に

フィラデルフィア（写真左）、ニューオーリンズ。学会やスタディーグループの例会で海外を訪れるのも楽しみの一つ

していますので、カリエスなどの処置をお願いするのは女性歯科医が多いですし、矯正治療の患者さんを紹介してくださる歯科医も女性が多く、近隣の女性の先生方とのネットワークのようなものができてきているのは非常にうれしいことです。

昨今、大学受験において、歯学部の評価が下がっているという話も聞きますが、親の反対を押し切って歯学部を選んだ私は、楽しく働けていることで、選択は間違っていなかったと思っています。

子供といろいろな世界へ！

私の元気のもとは子供と一緒に遊び、楽しむことです。仕事と子育てと家事以外に自分の時間はほとんど持てない状態でしたが、子供たちの趣味に付き合うことで、知らない世界を垣間見ることができました。サッカーが大好きな息子とワールドカップの観戦に行き、バイオリンを習わせていた時には、演奏会にたびたび出掛けました。次は、２０１９年のラグビーのワールドカップ開催を楽しみにしています。

それから、時に大きな声で叱りつけたりしたことは、家族とご近所には迷惑だったかもしれませんが、私のストレス発散となっていたかもしれません（笑）。

恩師の活動、見習いたい

大学時代の恩師の大阪大学歯学部名誉教授の作田守先生から最近、ご講演に使われたパワーポイントが入ったＵＳＢメモリーをいただきました。海外の論文からの引用で、歯並びとかみ合わせを正しくすることは、口腔内だけでなく全身の健康にも良い影響を及ぼすことを示したものでした。80歳を超えられても、なお、矯正歯科治療の啓発活動に情熱をささげていらっしゃる姿に新鮮な感動を覚え、弟子の一人として少しでも見習いたいと思う今日このごろです。

恩師、作田先生と

開業医――3代目として人とのつながりの中で……

山口 里恵

Yamaguchi Rie

八巻歯科医院 院長

所属する学会・グループ◆日本法医学会、日本法歯科医学会、神奈川県歯科医師会救急医療委員会、神奈川県歯科医師会警察歯科医会、神奈川県男女共同参画委員会
出身大学◆日本大学松戸歯学部
神奈川歯科大学　高度先進臨床歯科医養成コース　災害医療歯科学講座　法医歯科学大学院在籍

八巻歯科医院

神奈川県横浜市
従業員数◆4人
ユニット数◆4台

祖父より「医は仁術」受け継ぐ

半覚醒の状態で、その日一日の始まりを確認し、仕事モードに気持ちを向かわせていきます。私は、東京で開業していた祖父から数えると、歯科医師としては3代目ということになります。父は、その当時では高嶺の花であった女性歯科医師をしていた年上の母を射止め、横浜の地で開業しました。祖父の歯科医院を継がなかったのは、新天地を求める気持ちからだったのか、母の実家に吸い寄せられたからなのか……。昭和40年代から夫婦で仕事を始め、ずっと夫婦二人三脚で八巻歯科医院を守ってきました。

2000年に私が手伝うようになると、患者さんからは、「よくあなたのおむつを替えたのよ」とか、「いつも泣いてばかりの泣き虫だったのよ」と聞かされ、歯科医師というより近所のお嬢さん扱いで、困ったこともありました。現在も、〝ドジで泣き虫の近所のお嬢さん〟というレッテルが外れたわけでもなく、4世代お付き合いしているご家族では、お子さんにまで私のイメージが浸透しているようです。

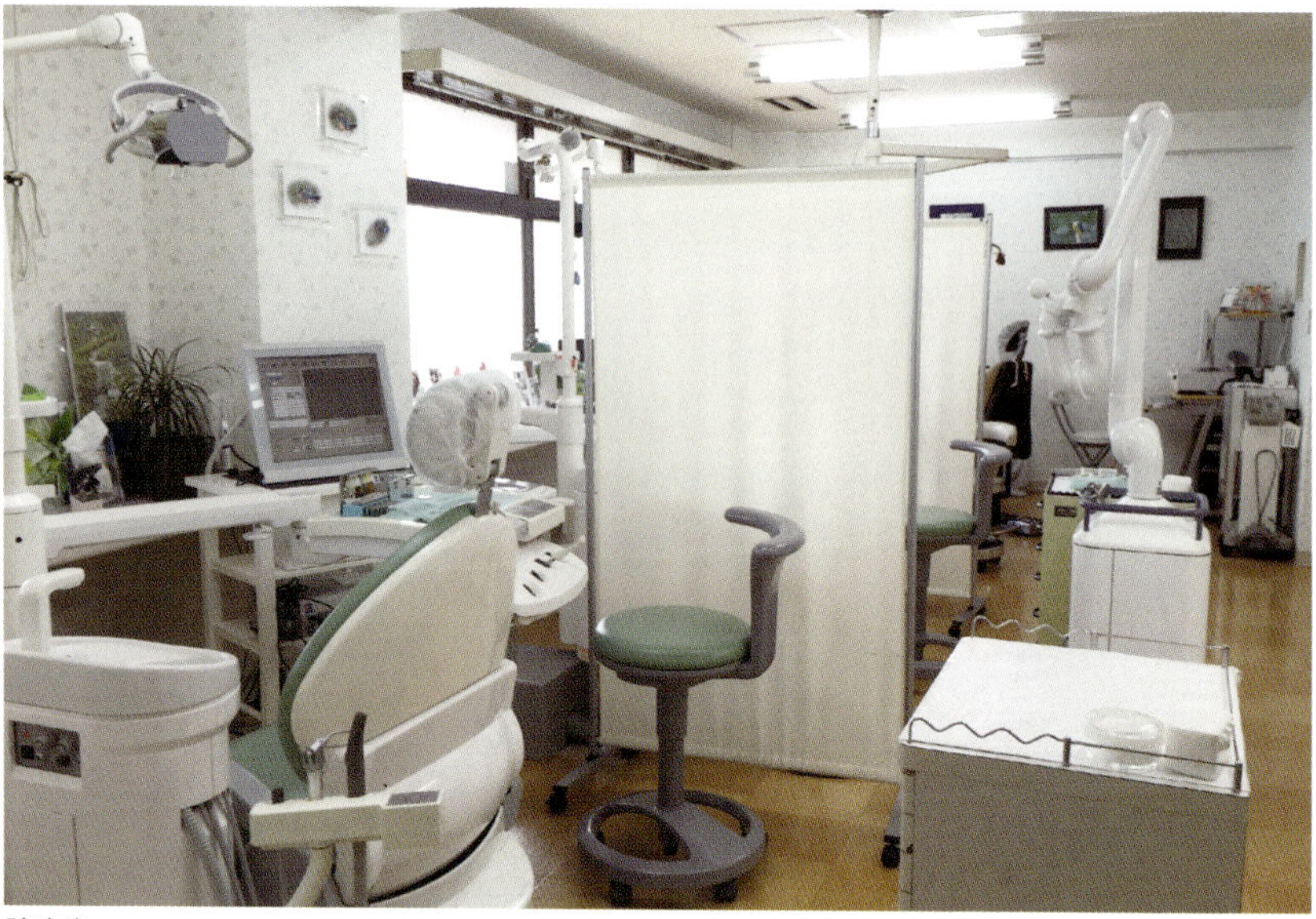

診療室

父が亡くなり院長になりましたが、父と母の掛け合い漫才のような診療風景は患者さんの語り草で、怖い父とそれをカバーする母はセットになっていました。最も私が感心するのは、父母の診療に対する真剣さです。それを証明するかのように、30年、40年前に治した歯が壊れずにもっていると患者さんが話してくれます。そうした言葉を聞くたび、「医は算術にあらず、仁術だ」ということを患者さんが理解してくださっていると感じます。

時代は変わり、経営は苦しくなっていく一方ではありますが、父母が大切に培って守ってきた「医は仁術」という言葉を、最近、貫禄がついたというより、年のせいか物に動じなくなっている3代目である私が受け継がなければならないと思っています。

どこまで患者さんの人生と向き合えるか

今から1年前、ご自分の親をみとられ、お孫さんが薬剤師になるべく大学に入ったので、「やっと楽になったから、お口の検診に」と患者さんが来られました。3代にわたってのお付き合いですが、お口の中を見た

神奈川県警察協力歯科医研修会にて

瞬間、私は心臓が止まる思いがしました。舌がんという言葉が脳裏をよぎりました。それも、初期段階ではありません。

総合病院に連絡を取り、すぐに入院、手術を終え、1カ月後には退院できました。夫婦仲が良く、ご主人は自分が病気になったかのように、奥さんより病人のような顔をして、奥さんの病院の送り迎えをしていました。しかし、下のお孫さんが看護学校に受かった時には帰らぬ人になっていました。

雨が降る夜、凍える心で葬儀に列席し、あまりにも無力な自分を感じました。何かもっとできることはなかったのかと足取り重く帰った時の気持ちは、いまだに忘れることができません。後日、下のお孫さんが検診に来られた時に、「ばあちゃんが塾代を出してくれたから頑張って合格したんだ」と話してくれました。祖母と孫の心が今もつながっていると知り、私の心が少し救われた気がしました。

また、ある日、どこかの新興宗教の教祖さまのように髪を長くし、笑うと残根ばかりの男性が来院しました。女性しかいない当院スタッフは、身構えておっかなびっくり問診を始めました。何度も歯科治療に挫折したけれど、愛する人の親に結婚の許しを得るために歯を治したいとのこと。彼の一生に一度の決意の固さを信じ、治療が始まりました。無事、完治し、結婚の申し込みに行き、相手の親の了解を得たと聞いた時には、ハラハラドキドキしていた私たちは、涙を流して喜びました。

歯科医療が人の人生を動かしたのです。こんな小さな診療所でも患者さんの人生を紡ぎ、泣いたり笑ったりの毎日が過ぎていきます。

神奈川県救急医療委員会の仲間たち

支えてくれた人たちへ

そんな、院長なんて名ばかりの、あまりに弱い私をいつも支えてくれるのが、一日で一番長く一緒に過ごしているスタッフです。夫を亡くして今では一人暮らしの私は、全てをスタッフに任せているといっても過言ではありません。患者さんが亡くなった時には一緒に泣き、落ち込んでいる私を奮い立たせてくれます。患者さんが幸せになった時や喜んでくれる時は、一緒に喜んでくれます。また、私の予定を全て把握してくれ、いつも気にかけてくれます。八巻歯科医院に勤めているという感覚ではなく、一人一人が歯科医院を背負って立ってくれています。だから、スタッフの誰

私の宝物

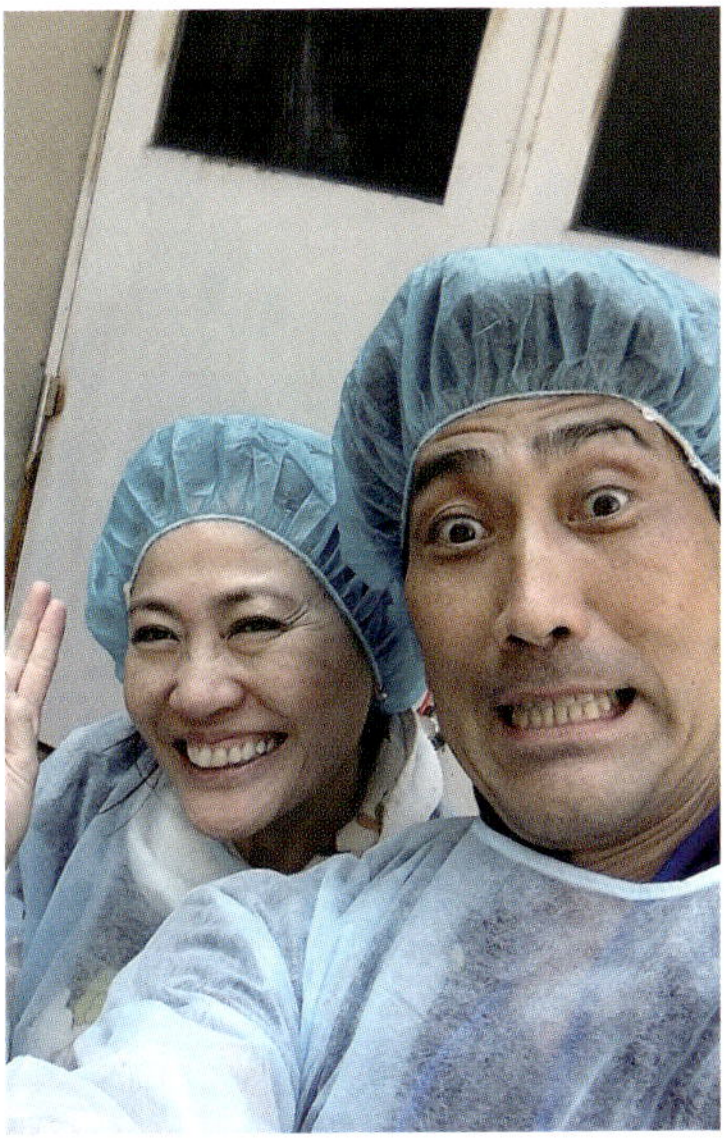

警察歯科医会のベストコンビ

か一人でもいなくなったら診療は立ち行かなくなります。高い山も深い谷も何回も一緒に乗り越えてきました。私の一番の宝物です。

幼くして亡くなった娘は、中島みゆきの「時代」という曲が好きでした。その当時は、どうしてあんな暗い曲が好きだったのか不思議に思っていましたが、「倒れた旅人もいつの日かまた起き上がって歩きだす」という歌詞の持つ秘めたるパワーを私に贈ってくれたのであろうと思っています。

今は、孫が2人いて週末には遊びに来てくれるので、周りからは何の苦労もなく、なんと幸せな人生を送っているのだろうというふうに見えると思います。しかし、本当に、私のことを助けてくれた人々の上に成り立っている人生です。その支えてきてくれた人々に、恥ずかしくないような精いっぱいの真心を尽くして生きていきたいです。

さてさて、あの世の夫がうらやましがるような余生を、いかに過ごすことができるか、今まさに考え中です。里恵ばあさんは、まだまだ人生真っ盛り。走っている最中、成長している途中です。

開業医ー内科併設の診療所でチーム医療実践

山本　由美子

Yamamoto Yumiko

医療法人社団帝歯会 山本歯科 院長
鶴見大学歯学部 臨床教授

所属する学会・グループ◆目黒区歯科医師会、学校医、歯科放射線学会、日本有病者歯科医療学会
出身大学◆鶴見大学歯学部、大学院歯学専攻科
著書◆『歯から始まる健康と医療』『歯から始まるQ&A内科医が答える歯と健康』（九天社）、『プライマリ・ケア歯科医のための医療面接、診断、治療』（ヒョーロン・パブリッシャーズ）、『歯科発　ヘルシーライフプロモーション　～食育・生活習慣指導と栄養管理～』（デンタルダイヤモンド社）
影響を受けた本◆『巨匠とマルガリータ』ミハイル・A・ブルガーコフ
座右の銘◆最初の直感を信じよ

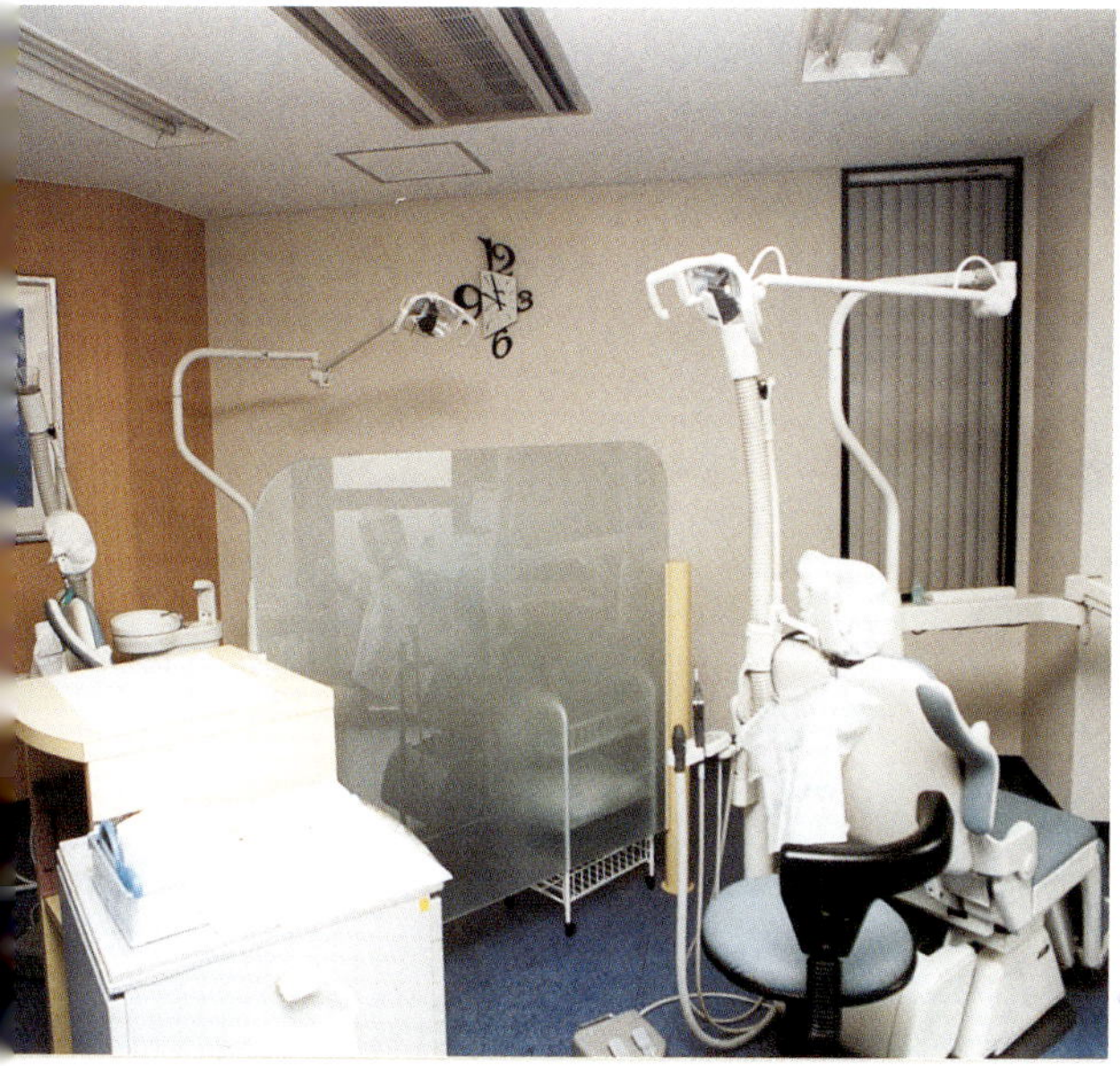

医療法人社団帝歯会 山本歯科

東京都目黒区
ユニット数◆6台

全身から歯科を診る

診療方針は、プライマリ・ケアを基盤として、患者さんの心の状態を含めた全身から歯科疾患を診て治療することです。

顎口腔機能を維持あるいは改善するのは当たり前ですが、今までの臨床経験から、全身疾患と口腔疾患の関係は密接であり、実際に隠れた全身疾患が見つかったり、歯科診療の内容によっては既存疾患の悪化、またはその逆で「治癒を促進したのでは?」と推論できる現象にも多く遭遇してきました。

開業時は医科とのチーム医療を目指して歯科医院内に内科を併設し、多くの新聞に記事が掲載されました。が、実際の臨床で医科と歯科の隔たりを感じ、一大奮起して内科学の講義を全部聴講しました。

おかげで私の使い古した脳内歯科臨床ファイルが再プログラミングされたように感じます。今や旬の分子生物学研究は口腔内細菌、歯科感染性疾患、全身疾患の免疫学的関係性に及び、患者さんのご協力を得て歯科大学、医科大学と共同臨床研究中です。これからま

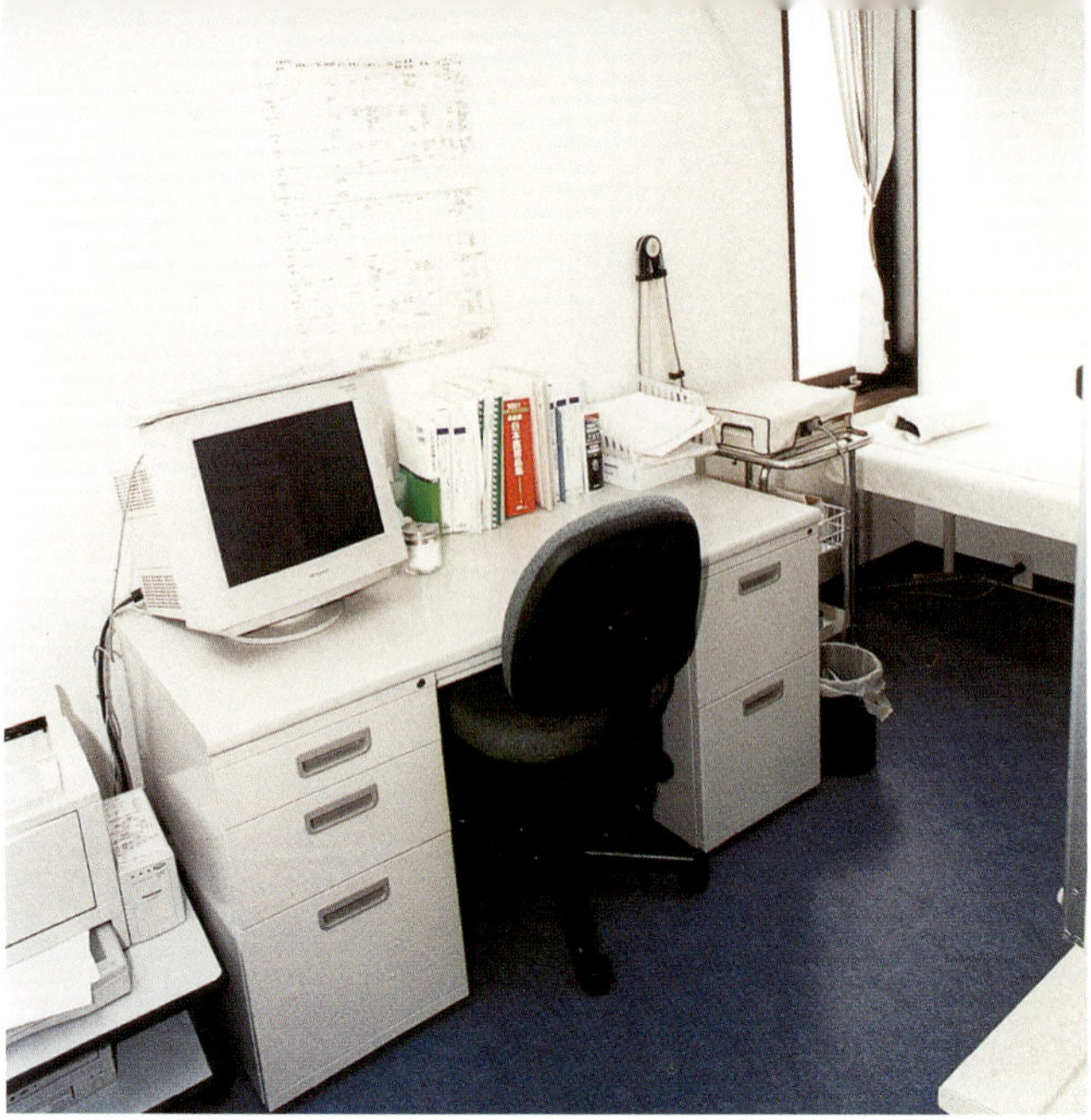

有病者と多様化する医科治療に対応するために内科を併設。大学の顎関節症専門医などと病診・医歯チーム医療を経験したことで、チーム医療における実際の問題点や歯科医療の今後の課題が見えてきた

すます新しい側面からの歯科臨床と研究が要求されてくるでしょう。母校で指導する後輩たちの将来の活躍も大いに期待したいところです。

患者さんからのエール

気が付くと開業医の平均年齢をつり上げるおばさん歯科医の域に達していました。

今思えば本業においては歯科臨床での気付き、全身疾患の具体的症状や薬剤、心理、医療全般に対する願い等、また暮らしや人生のこと、趣味のお話を通して文芸や教養、スポーツ等、人生の豊かさを教えてくださったのはご縁があった患者さんたちで、歯科治療を超えて交流してくださったおかげです。

年齢暴露を覚悟して、記念として患者さんたちにご登場をお願いしました。

●山本さんとは中学・高校と机を並べて共に学んだ同級生です。そんな山本先生は私たちに歯磨きとうがいの大切さを発信し続けてくれる、かけがえのない存在です。私たちはそろって今年還暦を迎えます。これからもしっかり口腔内のケアをして、いつまでも一緒に

山本歯科の患者さんと

元気で年を重ねてゆきたいと思います。
●今、由美子先生と口腔大改造進行中のPatientです。これほど熱心に向き合ってくださる先生に出会って感謝です。そして、歯科治療への期待が変わりました。
「歯を大切にするということは命を大切にすること」。歯医者さんを通して、この大切なことが一人でも多くの人に届くことを願っています！
●山本先生の治療は、的確で丁寧です。患者の口腔内だけでなく、体調や精神状態まで見ながら治療してくださるからです。そのために、持病のある私の場合は、時々叱られたり、時間がかかることがありますが、安心して任せられます。口腔ケアの大切さも、気付かせてもらいました。これからも頑張ってください。

お寺でのコンサートに初挑戦

私のピンチ体験はなんと言っても病気です。休診するたびに申し訳なく焦りましたが、多くの患者さんから激励とお心遣いをちょうだいしたおかげで、かえってパワー全開で復帰できたのはありがたく、貴重な経験でした。やはり、人は人によって生かされているの

2013年、曹洞宗大本山總持寺の大祖堂での初コンサート。ドキドキのMC

だということを実感しました。紙面を借りて、応援してくださった皆さまに心から感謝申し上げます。

2013年に、あるきっかけから曹洞宗大本山總持寺のご依頼で、仏教の声明とクラシック音楽のコラボコンサートを仲間とともに企画主催しました。大祖堂でのコンサートはお寺、演奏家の先生方、私共にとっても全くの初体験。それが驚きの大成功でした。こういうことがあるのでワクワクの挑戦はやめられません。

長期休みが取れないので、プチ休暇には毎回なじみの場所の絶景や設《しつら》えを満喫しながら、美味なお料理を堪能するのが至福のひととき。いつもお決まりの宿やお店での時間を楽しんでいます。

近ごろ、病院のドクターは私に必ず「若い人と違い、年齢的に言って……」を強調なさるので、ついに〝節操〟を自覚しました。「年相応」を考慮すべき時期になったということでしょうか。本物のスタッフ細胞の発見と若返り研究に期待しつつ、これからも歯科診療を続けていきます。

そうそう「わたしのお気に入りの一作」で選んだ「古

▶毎回絶対に食べに行くレストランのお料理
▼短期休暇にはここにしか泊まりに行かない、お気に入りの印象派モネ風の風景

美術の真贋」（224ページ）にはさらなるオチが。その巻物、以後の研究で正真正銘の本物として美術館に収蔵されたそうです。

1

わたしの診療と横顔（2）

勤務医

勤務医――副院長として女性の働きやすい医院へ

内田 ゆき子

Uchida Yukiko

医療法人鶴翔会 内田歯科医院 副院長

出身大学◆神奈川歯科大学
座右の銘◆『ケ・セラ・セラ』なるようになる
人物評◆天然でボーッとしている割に、沸点は低いと言われます

医療法人鶴翔会 内田歯科医院

山口県山口市
院長　内田昌徳
従業員数◆10人
ユニット数◆5台

歯科のマイナスイメージを払拭したい

「山口の田舎でも最新の設備でベストな治療を受けていただきたい」との志を持った院長である夫とともに、コンビニが一軒もない無人駅の駅前で開業して約20年になります。歯科に対する一般の人のイメージは「痛い」「怖い」というマイナスなものが大半。当院では、治療ばかりでなく、マイナスのイメージを変えるような歯科医院をつくりたいと思い、そのために患者さんに居心地の良い空間を提供することを目標にしています。

地域一番のプロフェッショナルケアを目標に、歯科医院のスタッフは受付も含めて歯科医師と歯科衛生士のライセンス保持者のみで構成されています。また、産休、育休を取得しやすいよう多数の歯科衛生士を在籍させた結果、離職率が非常に低くなりました。結婚、出産で退職した後には、時間が融通しやすいパートとして復職するケースがほとんどです。医院目標をブレさせず、繊細な治療を進めるためにも、長年一緒にいるスタッフがたくさんいることは、一つの強みになっ

スタッフ集合写真。山口大学から歯科研修医を受け入れた時の記念写真。若い先生から学ぶことは多い

ています。

医療機関らしくない医院

ジャズの似合う歯科診療室をイメージしてシャープにデザインした待合室で、生粋の山口育ちのスタッフの軽やかな山口弁が患者さんをお迎えします。今では、デザイン性の高い歯科医院建築は当たり前になりましたが、開業当時は珍しく、地元でも大変話題になりました。医療機関らしくない外観である上、外に小さなサインポールしか出していなかったので、通り過ぎてしまい、場所が分からないという電話がよくありました。

サッカー観戦で患者さんと交流

患者さんとはショッピングやファッション、サッカーの話をすることが多いのですが、2014年のワールドカップで日本がグループリーグで敗退した際に、近所の女の子が励ましの手紙を持ってきてくれたことが忘れられません。がっかりしていた私の背中を見て、きっとかわいそうに思ったのでしょうか。私の

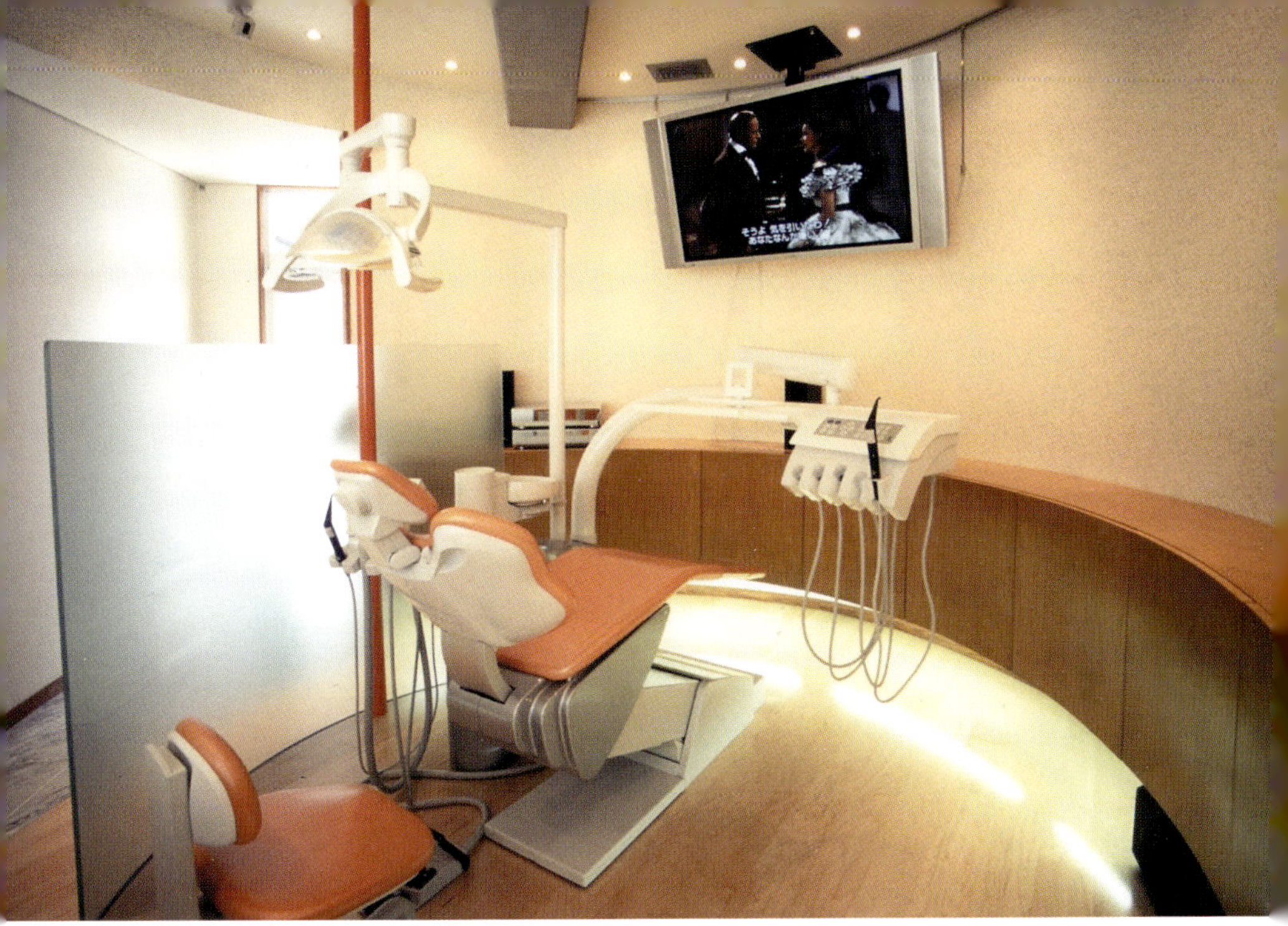

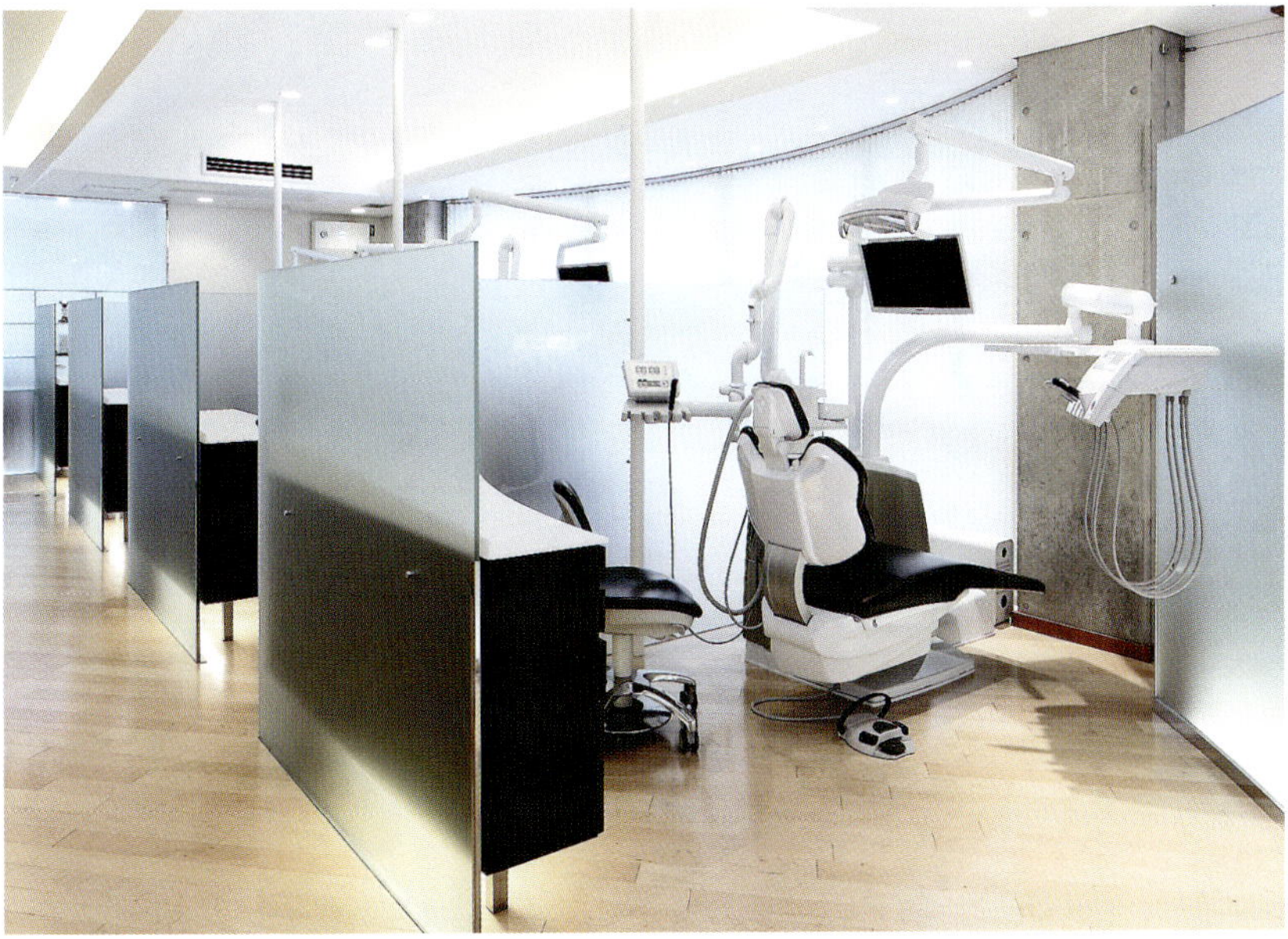

スタッフとのお食事会。この日はおなかいっぱいのイタリアンのフルコース

神奈川歯科大学卒業20周年記念での記念パーティー。みんな変わらずに学生のころの思い出話で朝方まで楽しくおしゃべり

山口県女性歯科医師の会にて。1年に一度講演会と懇親会を行っている。県内の女性歯科医師が参集し大変盛会で、毎年楽しみにしている

ことを思ってくれている小さな目に感激しました。

また、サッカーの大会がある週末は、医院の2階を開放して近所の子供たちとワイワイしながらテレビ観戦をすることも楽しみの一つです。みんな日本のユニフォームを着て、夜遅くても応援しています。

頑張るスタッフの姿に元気もらう

いかなるピンチにもへこたれない夫と優秀でかわいいスタッフが頑張っている姿を見ていると、「こちらも張り切ってやりきるしかない！」という気にさせられます。人数が少ない時もいつもニコニコと笑顔で頑張ってくれるスタッフには感謝しています。

最近では、常勤の歯科衛生士が産休、育休で歯科衛生士不足になり、ハローワークに募集をしましたが、なかなか集まりません。その時にスタッフの一人が友人を紹介してくれて、採用することができました。また、人員が少なくてもできるような診療体制を構築しました。ピンチは、チャンス！　スタッフとの絆が強固になり、診療も効率的になりました。

緊張した診療室内では……

男性の先生と同じことをしているのに、初診のお子さんが心を開いてくれることは女性ならではのメリットと感じます。

自覚はないのですが、ピンボケで天然なところが笑いを誘い、緊張した診療室内を和ませているらしいです。院内の役割は、院長からの叱咤の打たれ役。右の耳から左の耳に流すのが得意です（笑）。

ショッピングが楽しみ

趣味は、たまに都会に出て、街の風にあたること。それから楽しいショッピング！　爆買いだと家族にあきれられています（日ごろのストレスの代謝と思えば、本人としては十分抑えているつもりです！）。

2人の子供の成長を見るのも楽しいですね。2015年に大学生になった長男とラインで会話したり、高校1年生の次男と背の高さを比べる時がとっても癒やされて明日への活力となります。

勤務医 — 子育てしながら咬合指導を学ぶ

大河内 淑子

Ookouchi Yoshiko

医療法人社団政和会 鈴木歯科医院 副院長

卒業大学◆北海道大学歯学部歯学科
主な所属グループ◆床矯正研究会、小児歯科学会
著書◆『よくかむ日曜日ごはんvol.1』『よくかむ日曜日ごはんvol.2』(オーラルアカデミー)、『GPのための床矯正・矯正のすすめ　臨床編』『床矯正治療のQ&A』(デンタルダイヤモンド社)

医療法人社団政和会 鈴木歯科医院

東京都中野区
院長　鈴木設矢
従業員数◆13人
ユニット数◆6台

身近な医療を提供したい

以前勤務していた歯科医院（一般開業医）では、定期検診でたくさんの子供たちの成長を見守る中で、お母さんたちから歯並びについての質問を多く受けていました。専門医の先生が月1回いらしていたので相談を勧めていましたが、「ワイヤーで矯正するほどまでは考えていない」「いつもの先生にお願いしたい」「歯列不正の予防で少しでもできることがあれば知りたい」という声が多く、咬合誘導の知識の必要性を感じていました。そんな中、スタッフのお子さんに臼歯の交叉咬合が見つかり、「もっと早く気付くべきだったんじゃないか？」と猛省し、咬合誘導の勉強に打ち込むようになりました。

講演会に足を運び、書籍を読み、勉強していくうちに、その面白さと歯列を見る目が変わっていく自分に驚き、もっと深く勉強したいという気持ちから、今勤める鈴木歯科医院（鈴木設矢院長）に入らせていただきました。「患者さんに身近な医療を提供したい」という院長のモットーで、一般開業医でありながら約7

1978年開業。昔の「町の歯医者さん」の佇まい。土曜日の午前中は患者さんが待合室に入りきれない

割の患者さんが小児という医院で、現在は数年にわたる変化を診ることができます。

衝撃の診療所

初めて鈴木歯科医院を見学した時は衝撃でした。紹介者から「患者さんが入りきれなくて待合室の外まで椅子が並べてある」と聞いた時は「今どきそんな……、随分大げさですね」と笑って返したのですが、実際行ってみると本当にその通りでした。「癒やしの空間づくり」「患者さんを待たせない」「ホスピタリティー」というような「今どき」の診療所の常識を覆す光景でした。

それでも、「待たされても診てもらいたい」という患者さんたちの気持ちが伝わってきて、どんな時代でも患者さんが歯科医院に求める本質がしっかりしていればこういう結果につながるのだということを実感しました。

当時、院長は「改装よりも診療の質に還元したいと思ってずっとやってきたのでこのスタイルになった」と話していたので、それが患者さんにきちんと届いて

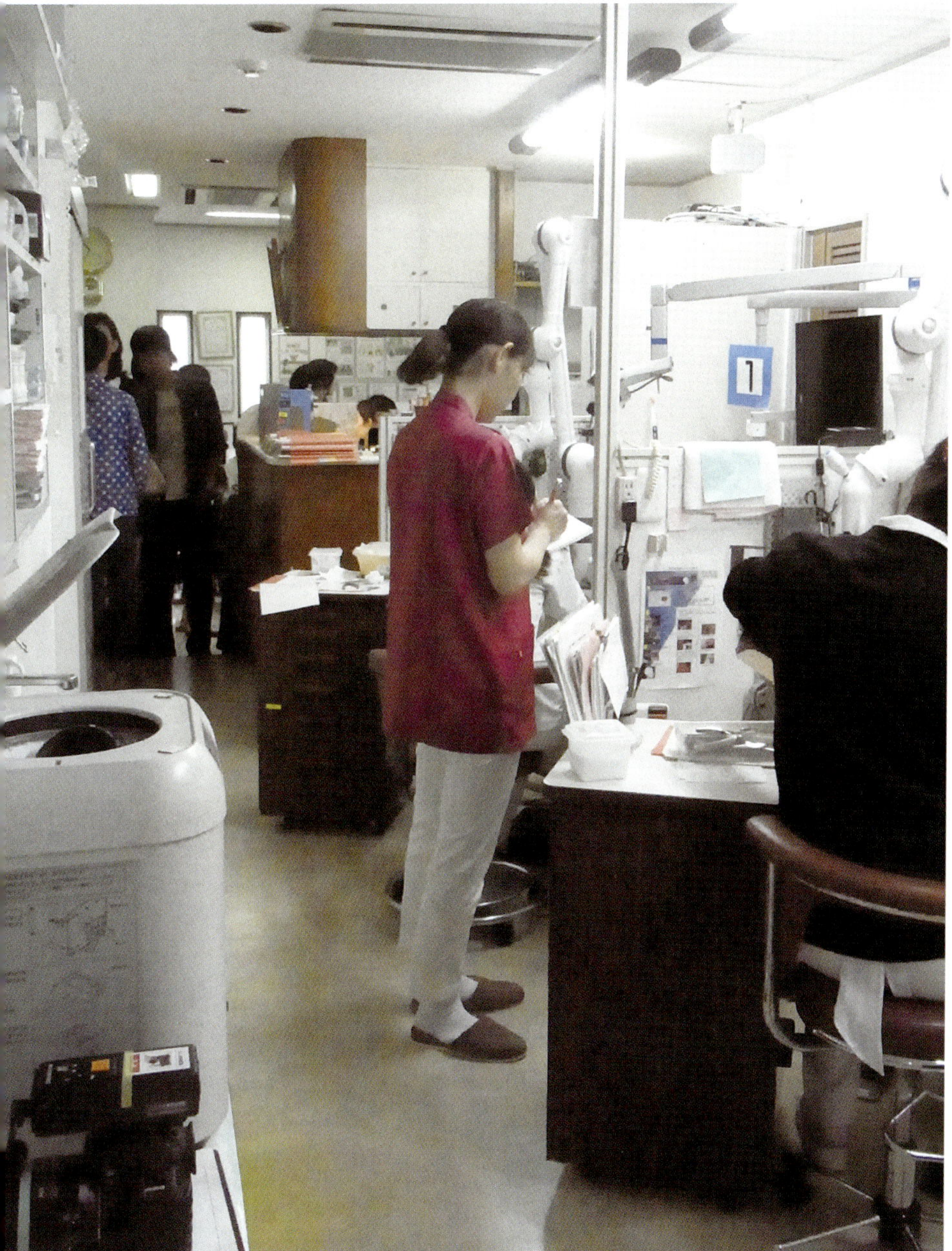

いるのだと納得しました。

周囲の協力で仕事を継続

小学生のころから歯科医師である父の仕事を見てあこがれ、実家の診療所を継承するつもりでしたが、夫と結婚すると決めてからそれを断念しました。出産後は子育てに専念すべきかとも考えましたが、出産前に患者さんから「私も子育てしながら働いていたの。しばらく大変だと思うけど、頑張って戻ってきてね」とよく声をかけられ、それは今でも励みになっています。

子育てしながら働く女性スタッフに
理解を示してくれる鈴木設矢院長

今では結婚し、出産して仕事を続けられることが幸せです。

やはり仕事を続けられるのは院長とスタッフ、夫、家族など周りのフォローのおかげです。月並みですが、周りの理解と助けがないと女性は仕事が続けられない時期があるのだと毎日実感し、周りの皆に感謝しています。

ライフワークを見つける

卒後3年目ごろにデンタル小町の大先輩である倉治ななえ先生の講演会に行きました。同じ女性歯科医師としての話は面白く、その時、最後に倉治先生がおっしゃった言葉が今でも忘れられません。「仕事を通じて『自分はコレが得意』と思えるようなライフワークを決めることが大切。予防や義歯等なんでも良いけれど、それをずっと続けていくことが自分の強みになり、仕事への情熱や継続へつながる」という言葉です。

その時から自分に合ったライフワークというものを探し続け、一次医療機関として開業医ができる範囲の咬合誘導を勉強し続けようと決め、現在も勉強中です。

『よくかむ日曜日ごはん』

当院ではMFT（筋機能訓練）はよく噛むことも指導の一つと考え、患者さんと保護者（特に母親）に指導しています。チェアタイムにも限りがあるので、効率よく患者さんの行動変容を起こさせるような指導ができないかと模索しています。そんな中、お母さんたちが待合室でレシピ雑誌を見ているのをみて、「こういうレシピの中に、よく噛む必要性がコラムとして入っていると指導される方も楽しくなるのではないか」と思い、作製に至りました。

定期的に来院した時に「そういえば先生によく噛めって言われていたわよねえ」と保護者が思い出し、その日の晩ご飯のおかずによく噛む料理が出て、それが習慣になれば……という思いからです。待合室でお母さんたちに読んでもらいたい２冊です。

「よくかむ日曜日ごはん vol.1」「よくかむ日曜日ごはん vol.2」
オーラルアカデミー／ B5判変型／ 96p

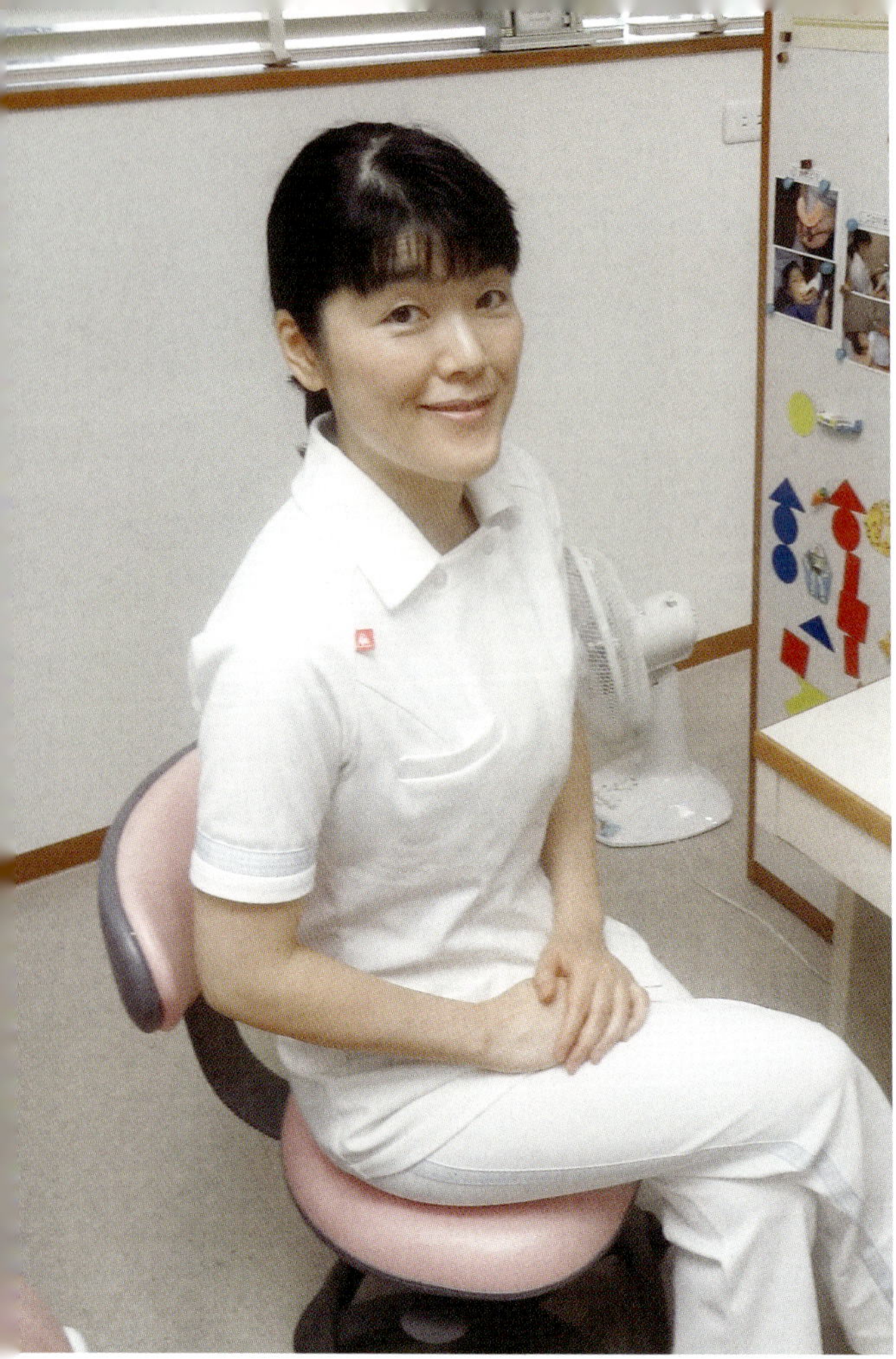

佐野　サヤカ

勤務医―診療の役割は夫（院長）と分担

Sano Sayaka

ファミリー歯科 副院長

所属する学会・グループ◆POOシステムデンタルアカデミー、SH療法、全身咬合学会、アンチエイジング学会、恒志会

出身大学◆日本大学歯学部

高齢の方の靴の着脱時の転倒が心配なので、待合室は土足入室にした

ファミリー歯科

東京都三鷹市
院長　佐野真弘
従業員数◆11人（歯科医師常勤1人、非常勤2人、歯科衛生士5人、歯科助手・受付2人、歯科技工士1人）
ユニット数◆6台

筋機能を踏まえた矯正治療に注力

日本大学歯学部卒業後の身の振り方を考えていた時に、「他の大学の治療も見てみたい」と思い、東京医科歯科大学の研修医となりました。当時、日大歯学部生化学教室にいらっしゃった大島光宏先生にはその際、大変お世話になりました。東京医科歯科大学では、全部床義歯、口腔外科、保存学第三講座を回り、特に保存学第三講座では砂川光弘先生にお世話になり、基本の大切さを学びました。

現在の診療所は夫の真弘が3代目の院長となります。理念は「忠恕」です。これは、自分の良心に誠実であり、他人に嫌な思いをさせないという意味です。

夫が毎年テーマを絞って講習会に参加する姿を見て、私も何か勉強したいと思っていましたが、出産・育児でなかなか時間が取れませんでした。しかし、歯に関しては完璧に育てたはずの子供に、歯並びの問題があることが分かりました。抜歯矯正は子供の心を傷つけると思い、日本歯科大学小児矯正歯科元教授の荻原和彦先生のご指導を受け、拡大床を用いた歯列矯正

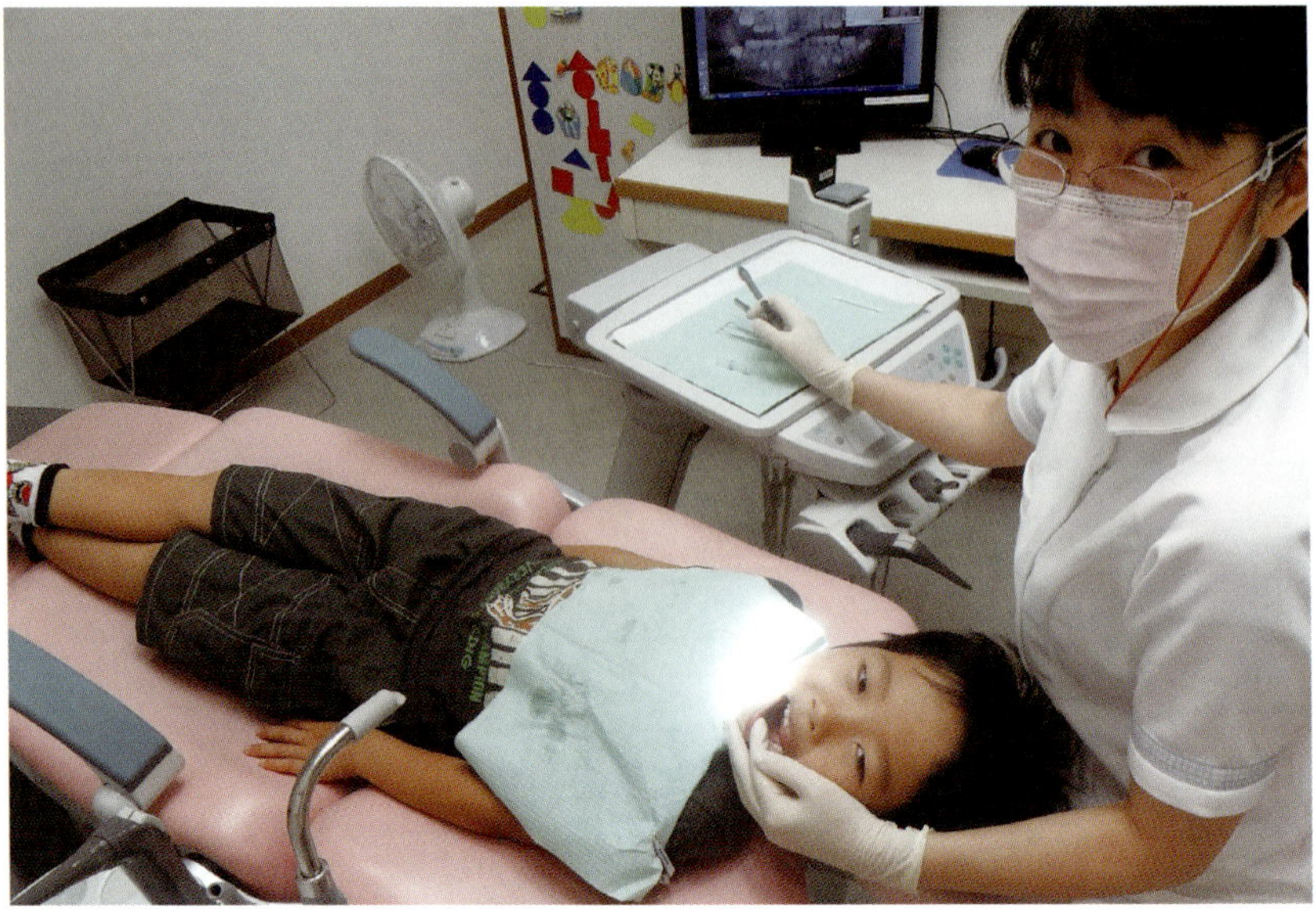

診療風景。衛生士が子供に治療前練習をしてくれるので落ち着いて治療ができる

筋機能や呼吸のトレーニングの指導をするユニットのない部屋をつくった

を行いました。現在では、当院もMRCクリニックとなり、筋機能も視野に入れた矯正治療に力を入れています。

MRCクリニックとは、筋機能を踏まえた矯正治療を行う医療機関で、患者さんにMFT（筋機能訓練）の指導を行うのは主に歯科衛生士です。当院のスタッフは非常に勉強熱心で助かっています。講習会にも進んで参加してくれますし、スタッフミーティングでも

スタッフ全員で参加した講習会

活発に意見を述べてくれます。そのようなスタッフが治療に協力してくれるので、とても心強いです。

私は歯科一般・小児・矯正を、院長は歯科一般・自費治療を担当しています。経営方針については二人で相談しています。特に分業はせず、細かいところは経営コンサルタントの先生にお願いしています。

自分の体は一つですし、時間も限られています。信頼できる人がいれば、任せられるところは任せ、診療に専念できた方がいいのではないかと考えています。

育児と仕事の両立で体調崩し……

夫が医院を引き継いだばかりの時は、何が何だか分からず、毎日診療に追われていました。キャッシュフローも分からないので、経営コンサルタントで前院長の知り合いの㈱ディー・ピー・エスの齋藤忠先生にお願いすることにしました。その際、大事なことはトップの人間性だということを教えていただきました。おかげさまで、医院の改築も心配なく進めることができ、衛生士専用のユニットも導入することができました。

子供が生まれて育児に忙しくなると、仕事と家庭の

口呼吸と脳について研究

矯正治療を行っているうち、歯列不正になる原因の方に興味が湧きました。呼吸・舌位・飲み込み・態癖等が挙げられますが、その中の「呼吸」の研究を夫と共に行っています。「脳の学校」の加藤俊徳先生たちのご協力を得て、口呼吸と脳について研究を進めています。論文はNeuro Reportに採用されました（Increased oxygen load in the prefrontal cortex from mouth breathing: a vector-based near-infrared spectroscopy study. NeuroReport 2013 Dec 4;24(17):935-40. doi: 10.1097/WNR.0000000000000008.）。現在は次の論文に取り掛かっています。研究はやってみないと分からず、頭の中で考えていたことと違う結果が出ることがとても面白いと思います。口呼吸の習慣化がさまざまな形の歯列不正を起こします。口呼吸が習慣化しないように啓発することが大切だと考えています。

共同研究をしている「脳の学校」の加藤俊徳先生たちとミーティング

両立がうまくいかず、体調を崩してしまいました。育児本などに、「こんなに大変だったけど、一人で頑張った」という例がよくありますが、私の場合は当てはまりませんでした。自分は自分のできる範囲で頑張ればいいと思い、元気な義母と同居していたので、かなり協力してもらいました。健康を損ねると、何もかもうまくいきません。また、子育ては精神的にも大変です。その経験も踏まえ、患者さんにはあまり親が追いつめられないような指導をしていくことを心掛けています。

診療時間について

医院の改装と同時に診療時間を短くしました。私たちの体が持たないことと、スタッフの負担を減らしたかったからです。それまではシフトを組んでいたので、スタッフの勤務終了時間がバラバラでした。短縮したことで全員が同じ時間を共有できるようになり、スタッフ間の情報の共有化が進んだことで仕事がスムーズに進むようになりました。

スタッフにも家庭があり、それぞれの生き方がありますます。仕事のために何かを諦めるのではなく、仕事もやりたいことも（家庭も）両立できるといいなと思います。同じ時間を過ごす仲間には、やはり幸せになってほしいと思います。

趣味

子供と一緒にバレエを始めました。体力をつけて、将来、孫の面倒を見てやれるようになりたいと思ったからです。２００８年から続けています。初めは大人のクラスに通っていましたが、平日の夜だったので通えなくなってしまい、今は江口富美子先生のご厚意で日曜の子供のクラスに交ぜていただいています。一緒にレッスンをするのは小学4年から20歳前後のお姉さんたちです。みんなと比べると、いつまで経っても上達しないし、迷惑を掛けていると思いますが、それでも週1回のレッスンに通うのは、メリットがたくさんあるからです。すてきな音楽が聴けるし、体を動かすことが気持ち良く、悩んでいた腰痛も起きにくくなるのでやめられません。ちなみに2週間以上休むと、腰痛が再発します。

バレエ教室にて。一緒にレッスンを受けているお姉さんたちと

周りの人に助けられてここまできたと思います。今までお世話になり、ありがとうございました。これからもどうぞよろしくお願いいたします。

勤務医—外来、訪問、講義の毎日

森 榮

Mori Sakae

森歯科医院

所属する学会・グループ◆日本小児歯科学会専門医（指導医）、日本小児歯科学会女医の会（会長）
出身大学◆愛知学院大学歯学部
著書◆『世代をつなぐ小児歯科』（クインテッセンス出版）共著

森歯科医院

愛知県一宮市
院長　森　幹太
従業員数◆12人
ユニット数◆5台

走り回る毎日

父の診療室から50メートルのところに新しく診療所を建てて、37年の歳月が経ちました。父、私、娘婿(娘も歯科医師)と「地域に根ざした歯科医療」を心掛けて3代目、高齢化した患者さんには尾張弁が出ます。

スタッフからは「よく動くね!」と半ばあきれられ、孫からは「認知症ではないか?」(孫の名前を甥の名前と間違えることがある!?)などと言われながら、外来、訪問診療、歯科衛生士学校の講義、そして農業ボランティアと走り回る日々です。

訪問を始めて「17年」のお付き合い

「顔が出ても大丈夫ですよ。皆さんのお役に立てるなら」と介護者からありがたい言葉をいただき、私が介護に携わるスタッフのために、15年ほど前に作成した口腔ケア啓発ビデオに出てくださった墨さんは、認知症のため生活の全てを次男のお嫁さんにみてもらっています。古いお家ですが、いつ伺っても清潔な部屋のベッドで眠っていらっしゃいます。介護保険が

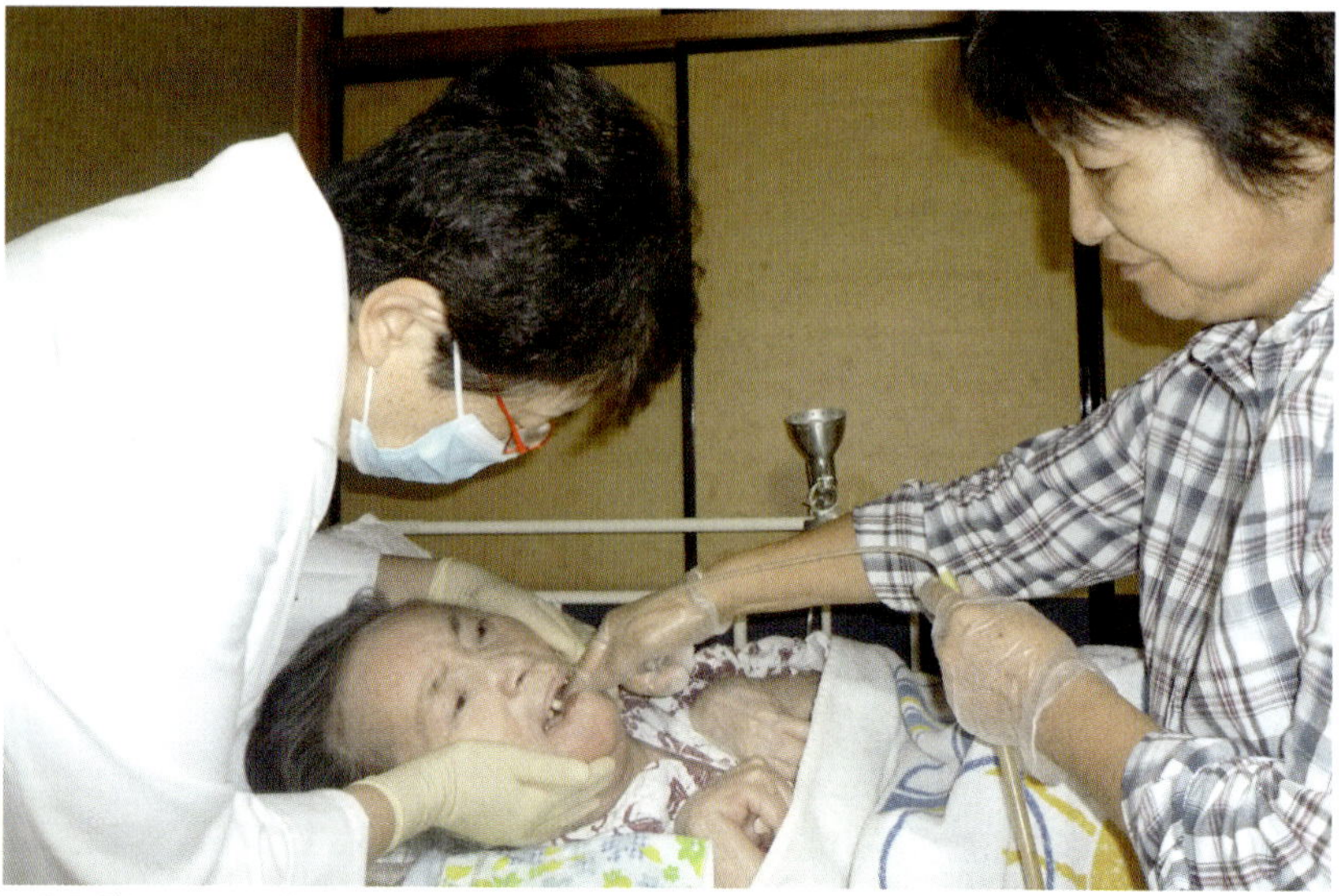

17年間訪問している割には険しい顔の墨さん。お嫁さんの介助は心強く、安心して診療に当たることができる

始まって以来、要介護5の状態は変わりありませんが、十分な介護のおかげでしょうか、87歳の今、初めは白かった髪が黒くなり、顔のしわもありません。

歯科衛生士は週1回、私は原則、月に1回訪問させていただいています。お嫁さんは、私たちが指導することがないほどきちんとケアされていますが、それでも2年に1回くらいは歯周症が進行し、抜歯になる歯があり、残存歯が少なくなってきました。

言葉はありませんが、私の「こんにちは」の声に顔をしかめ、いつか歯石を取った際には大声を上げたため、「声が出るのはいいことだ！」と声をかけました。今では、ほとんど身内になっています。

このように長年続けてこられたのも、患家の信頼を得られている結果と大変うれしく思い、だからこそ訪問も続けられると感謝しながら、軽自動車で走り回っている私です。

24時間介護のみーちゃんから学んだこと

みーちゃんとの出会いは、私が当市の歯科医師会で口腔衛生担当の副会長をしていた時、「まだ一度も健

日本小児歯科学会女医の会のメンバーと。
毎年2月に研修会を開催しており、2015年は札幌で開催された。研修会の後に、連続テレビドラマの影響を受け、ニッカ小樽工場に。ウイスキーの試飲だけでは物足りず、自分用のお土産を買い求めていたのは誰？

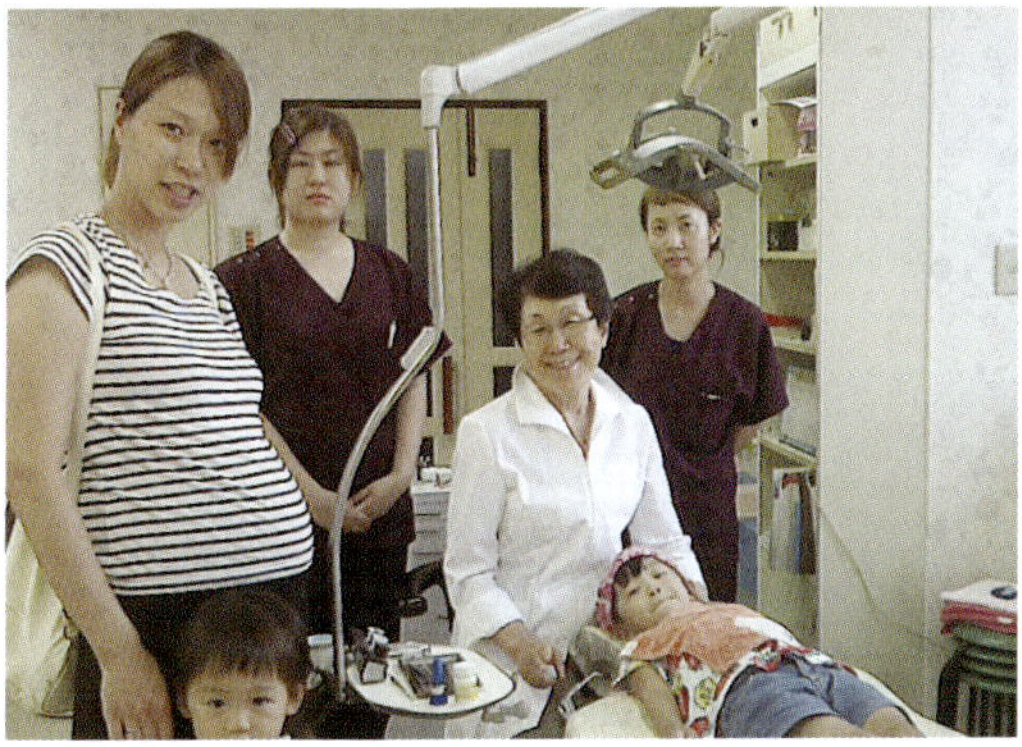

おなかの子ももうすぐ私の患者さん

診を受けたことのない子供がいるので、一度訪問してほしい」という、市の保健師さんからの依頼で、何の手掛かりもなく訪問したことから始まりました。

地図を頼りに訪れた新築の家の前には、車いすのマークがついた大きなワゴン車が止まっていました。

たくさんのぬいぐるみに囲まれ、2歳のみーちゃんはビデオを見ていました。

私は依頼のあった口腔診査をしなければと、あいさつもそこそこに口唇に手を触れたところ、パルスオキシメーターの値が一気に悪くなり、お母さんから「やめてください」と厳しい声がかかりました。そこで健診をあきらめ、一般的な口腔ケアの大切さをお話しさせていただき、お子さんについてお話を伺うことにしました。

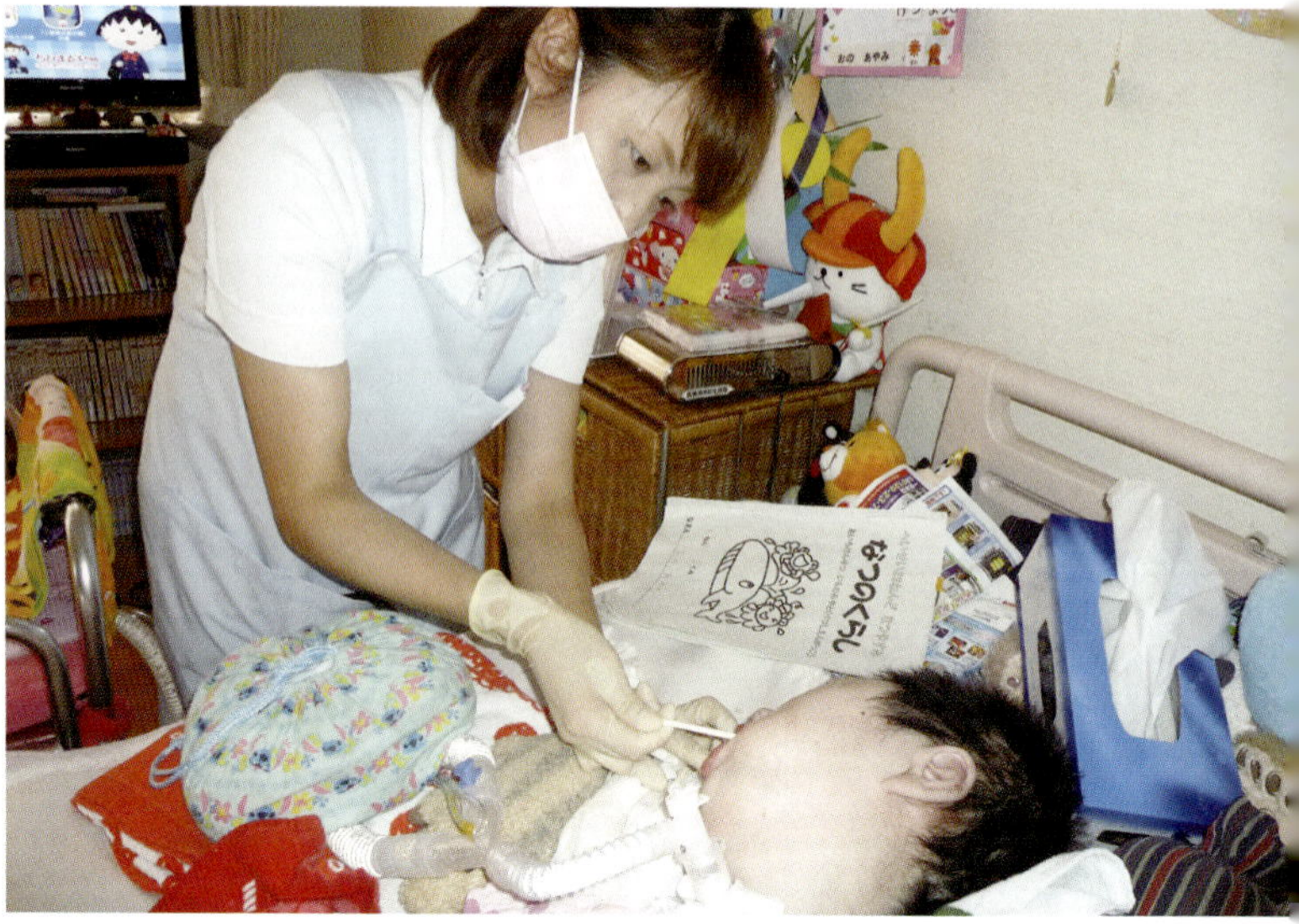

歯科衛生士はみーちゃんの好きな「ちびまる子ちゃん」の話題でケアを進めていく。２人は息ピッタリ

生後間もなく母乳の吸いが悪くなったことから、小児科で「ウエルドニッヒ・ホフマン症」と診断され、人工呼吸器を装着、胃瘻を開設し、24時間介護の毎日です。この病気は筋無力症で、10万人に一人の発症、ほとんどが2歳までに亡くなるということで、私もこの時初めて知った病名でした。

その縁で訪問口腔ケアが始まり、たびたび体調不良で中断したものの、少しずつ口腔ケアにも慣れ、かすかに漏れる息でイエス・ノーも理解できるようになっ

愛知県下の歯科衛生士専門学校２校で「障害者歯科学」と、2015年から新たに「在宅歯科医療」を担当。歯科衛生士さんなくして私の仕事は成り立たない！

た8歳の時、移動中の車のベッドから落下し、それがもとでみーちゃんは亡くなりました。入院直後にお母さんから知らせを受け、何とか回復しますようにと必死で祈っていましたが、かないませんでした。

「この子は、この病気の子の中で、愛知県では長寿記録を作るかも」と語っていたお母さん。その長寿記録を見守るつもりだった私。夜も吸痰が必要だという手間のかかる中で、ご両親は、くまモンを見せに熊本へ、アンパンマンミュージアムがある高知へ、そしてディズニーランドへはたびたび、みーちゃんを連れて出掛けていました。ほんの少し動くか動かないかの指で、コンピューターを動かし、コミュニケーションが取れるよう、家庭教師による指導も試みられました。

歯科衛生士がケアをしている間には、お母さんから市の障害者への福祉制度についてお聞きしたり、他の難病のお子さんの様子を伺ったりしていました。当然、補助の対象だと思っていた毎月のカテーテルなどの支払いの多さにもびっくりさせられました。彼女に関わる多くの方々の、それぞれのお仕事の様子も見ることができました。短いお付き合いでしたが、「難病」を生きるお子さんとその家族から、たくさんのことを学ばせていただきました。

患児との会話に活きる農業ボランティア

4年前から、同級生を誘い、地元の小学校で学校農園を耕しています。新しく赴任された校長から、学校運営委員会の折、荒れ放題の農園を何とかしてほしいと言われ、お人よしの私は、後先考えず引き受けてしまいました。以来、草との戦いです。週1回のたった1時間ですが、農業の大変さを嫌というほど味わっています。いつもスーパーで買ってくる野菜の値段を考えると、なんと割の合わない仕事でしょうか。でも、来院する子供と会話が弾みます。

「ピーマン採れた?」

「うん、ピーマン嫌いだったけど、学校のピーマンは食べられるよ」

「ジャガイモ、すごくたくさん採れたよ」

「今日、全員一切れずつスイカ食べたよ」

子供の笑顔がうれしくて、そして同級生とのお茶が楽しみで、農業ボランティアは続いています。

1

わたしの診療と横顔
（3）

研究者

研究者 — 他科との連携で原因不明の痛みを緩和

井川 雅子

Ikawa Masako

静岡市立清水病院 口腔外科
井川歯科医院 院長

所属する学会・グループ◆日本口腔顔面痛学会、米国口腔顔面痛学会、日本顎関節学会、日本頭痛学会、静岡市清水歯科医師会
出身大学◆東京歯科大学
著書◆『TMD（顎関節症）を知る』『OFP（口腔顔面痛）を知る』（クインテッセンス出版）、『口腔顔面痛を治す』（講談社）
座右の銘◆“完全に生まれる（to be fully born）”（エーリッヒ・フロム）

静岡市立清水病院

静岡県静岡市

口腔顔面痛学の第一世代

卒業後6年間を過ごした慶應義塾大学医学部歯科口腔外科学教室を退室し、清水の実家の歯科医院に帰ることを決めた時、偶然、地元の清水病院に新たに口腔外科が開設されました。スタッフとして教室の先輩・後輩が派遣され、私は慶應での専門から、週1日、顎関節症患者を診るための非常勤医師として勤務することになりました。

転機は１９９５年。現在では口腔顔面痛（orofacial pain：ＯＦＰ）の権威である慶應の恩師、和嶋浩一先生に誘われ、米国のＯＦＰ学会に参加したことです。目からうろこが落ちるとはまさにこのことで、“顎関節症の進化形”といわれるこの分野の面白さに魅了され、99年に米国の認定医試験を受け、合格しました。

ＯＦＰは一言で言うと「診断学」です。一見、歯痛・顎関節症に見える原因不明の痛みや愁訴を診断し、治療を行う、あるいは医科の専門医に結び付けるのが主な役割です。

米国口腔顔面痛学会のレセプションにて。「TMD（顎関節症）を知る」の共著者たちと

　このため、特に首から上の痛みを専門に扱う神経内科や脳外科、精神科などとの連携が必須になります。私は幸運にも、キャリアの初めから、強い連携が取れる優秀な医師の仲間に恵まれました。また、教科書にはあるけれど、それまでみたこともなかった（すなわち、それまでは診断できず看過していた）はずの、群発頭痛、舌咽神経痛、側頭動脈炎、非定型歯痛などの患者が次々と受診し、医師と一緒に治療を行うことで実践的な臨床経験を積むことができました。当時は初めてみる病気に遭遇すると、勉強したばかりの病名がひらめき、ラボに駆け込んで本で確認するという順番で、毎日が新鮮でした。

　私たちはＯＦＰ学の第一世代で、当時日本語で書かれた専門書は存在しなかったので、この極めて臨床的な分野を他の歯科医にも知ってほしいという思いで、その後、何冊か本を書きました。医科の専門分野の情報は、医師から直接聞くより、歯科医のフィルターを通した方が理解しやすくなります。この時は、私がたたき台の文章を書き、その原稿を共著者の神経内科医・精神科医に回して、削除と修正を何度も繰り返すとい

う方法でした。普段から多くの患者を共有し、会えば専門分野の話が尽きない仲間なので、遠慮なく互いの文章に手を入れましたが、この経験で誰よりも勉強させてもらったのは私だと思っています。
現在では、日本でも口腔顔面痛学会が立ち上がり、学会編集の洗練されたテキストが上梓され、専門医制度もできて次の世代が育ちつつあります。

他科との連携で慢性疼痛等を治療

週5日、歯科医院で通常の歯科治療を行い、週1日、歯科医院が休診の木曜日に、市立病院でOFP外来に従事しています。舌痛症や非定型歯痛／顔面痛、また、精神疾患が併存する慢性疼痛の患者が多く、午後は精神科医とのリエゾン外来になっています。患者は一日平均30人。うち初診患者は3人ですが、飛行機や新幹線などで遠方から来る患者も多いです。特に初診の場合は診断や検査、治療の説明などに一人最低40分はかかるため、ほぼ一日中、集中力を保ちながら話し続けなければなりません。

また診療後、紹介状の返信や、診断と治療が確定した患者を地元の医師に依頼するために情報提供書を書くなどのペーパーワークに1時間ほどかかります。

臨床の前に基礎知識を学ぶことが必要

OFPの専門医である私は、第一に患者の苦痛の緩和、第二に本や論文でこの分野を広く知ってもらうこと、第三に「治せる」OFP専門医の育成を日々の診療の目標としています。

松濤館連盟の名門道場なので稽古は厳しい

OFPは歯科医単独ではできない分野で、主訴は顔の痛みでも、実際は神経内科・脳外科・精神科などの疾患であることが多いので、臨床経験を積むためには、優秀な医師と組んで、できるだけ多くの症例を経験し、医師の判断や考え方を勉強することが最も有効になります。このためには、その分野に関する疾患分類や定義、診断法など、医師に信頼されるだけの基礎知識を持っている必要があります。また逆に、知識・技量とともに信頼できる医師を、こちらも識別できる必要があります。これらの知識はキャリアの初めに米国口腔顔面痛学会で学び、それが、その後の連携に計り知れないアドバンテージとなりました。私も、どのように医師と連携すれば良いのかを若い専門医に伝えていきたいと考えています。

研究成果で医科から注目

口腔顔面痛についての初めての日本語の本を上梓し、「知らない病気は診断できない」という箴言を広めました。また、TACs（三叉神経・自律神経性頭痛）というまれな頭痛疾患は、顔面痛と自覚されるため、

射撃は弓道と同じ静の世界。完全に無心になって標的に集中しなければ当たらない

患者が歯科を受診することが多いのですが、これらを頭痛学会で報告したり論文で発表することにより、日本頭痛学会に歯科医も頭痛診療のパートナーであると認識してもらえるようになりました。私自身が最も重要だと考えているのは、同僚の精神科医、山田和男先生（東京女子医科大学東医療センター精神科教授。毎週木曜日に清水病院で診療）が舌痛症・非定型歯痛の薬物療法を確立し、私たちの外来において高い治癒率が得られていることを報告することで、これらの疾患が治療可能な病気であることを示したことだと思います。

道場で汗を流しリフレッシュ

趣味は、読書、空手、クレー射撃などたくさんありますが、現在は空手に熱中しています。部屋にこもって論文を読んだり書いたりという作業も好きですが、本を書くためにこれを長時間、毎日続けていた時期に、肩こりや胃痛に悩まされるようになりました。そのため、1年間ほどデスクワークを減らして週3～4回道場に行くようにしたら、症状がウソのように消失したことから、現在も週2回は稽古をしています。道場での激しい稽古に何歳までついて行けるか分かりませんが、限界まで体を使うことで心身ともにリフレッシュしています。

研究者——学生に「人」としての大切さも教えたい

伊藤　智加

Ito Tomoka

日本大学歯学部 歯科補綴学第Ⅰ講座・いびき対応科 助教

所属する学会・グループ◆日本補綴歯科学会（専門医、指導医）、日本老年歯科医学会（認定医、専門医、指導医）、日本咀嚼学会、日本睡眠歯科学会、日本歯科医学教育学会

出身大学◆日本大学歯学部

人物評◆後輩医局員に「静かに怒るのが、とにかく怖い」……と

ニューキャンパス計画始動！！　本学部は学部創設100周年を迎えるにあたり、新たなキャンパス造りに着手。2018年に新歯科病院が完成予定、2021年には「教育」「研究」「臨床」を融合した歯学部ニューキャンパスが完成する

日本大学歯学部

東京都千代田区
歯学部と付属歯科病院が同じエリアにある。また附属歯科技工専門学校・附属歯科衛生専門学校を併設している

診療所で勤務後、大学に復職

大学卒業後、現在の医局に入局し、補綴学（特に総義歯補綴学）を中心に顎運動・咬合の勉強を行い、学位取得。一時、父の診療所にて地域医療に携わりましたが、講座からの依頼で再度、大学に舞い戻りました（出戻りとも言われています）。一度大学を退職し、同じ歯学とはいえ、ある意味、異なる道を歩み始めていたため復職にはかなり迷いがありましたが、私の性格です。「どうにかなるか！」……で２００７年に復職しました。

復職直後は「浦島太郎」状態で、診療システムの変化や学生教育の目まぐるしい変遷に、ただただ驚くばかりでした。

診療、講義、会議の毎日

私はとにかく朝が弱く、いつも時間との戦いです。大学に到着するや否や、医局前で待ち構えている院内生と一日の診療内容の確認から始まります。院内生はとても頑張っており、臨床を学ぶ一方、チームの一員

授業風景

として診療のサポートをしっかりしてくれます。

診療の傍ら、学生実習・講義・衛生専門学校の講義・研修医教育が入ります。どれも人に「教える」ということは大変です。水鳥のごとく水面下で必死に水をかき、平静さを装っている自分が滑稽であり、涙ぐましく思えることがあります。

診療後にはさまざまな会議が入り、時にはその終わりが午後9時をすぎることもあります。そしてそこから次の日の授業の準備や試験問題の作成やらで、さらに2～3時間。お肌のため(?)にも午後11時には大学を出るように努力していますが、なかなかそうもいきません。

「文武両道」な学生育てる

どの時代であっても国家試験は二度と受けたくないもので、人生最大の試練の一つであると思います。特に今は形式も複雑で、かつ量も膨大です。入学以来、学生の頭の片隅には常に「国家試験」の4文字が刻み込まれています。確かに歯学部に入学したからには大きな目標の「歯科医師になる」ことが大切ですが、本

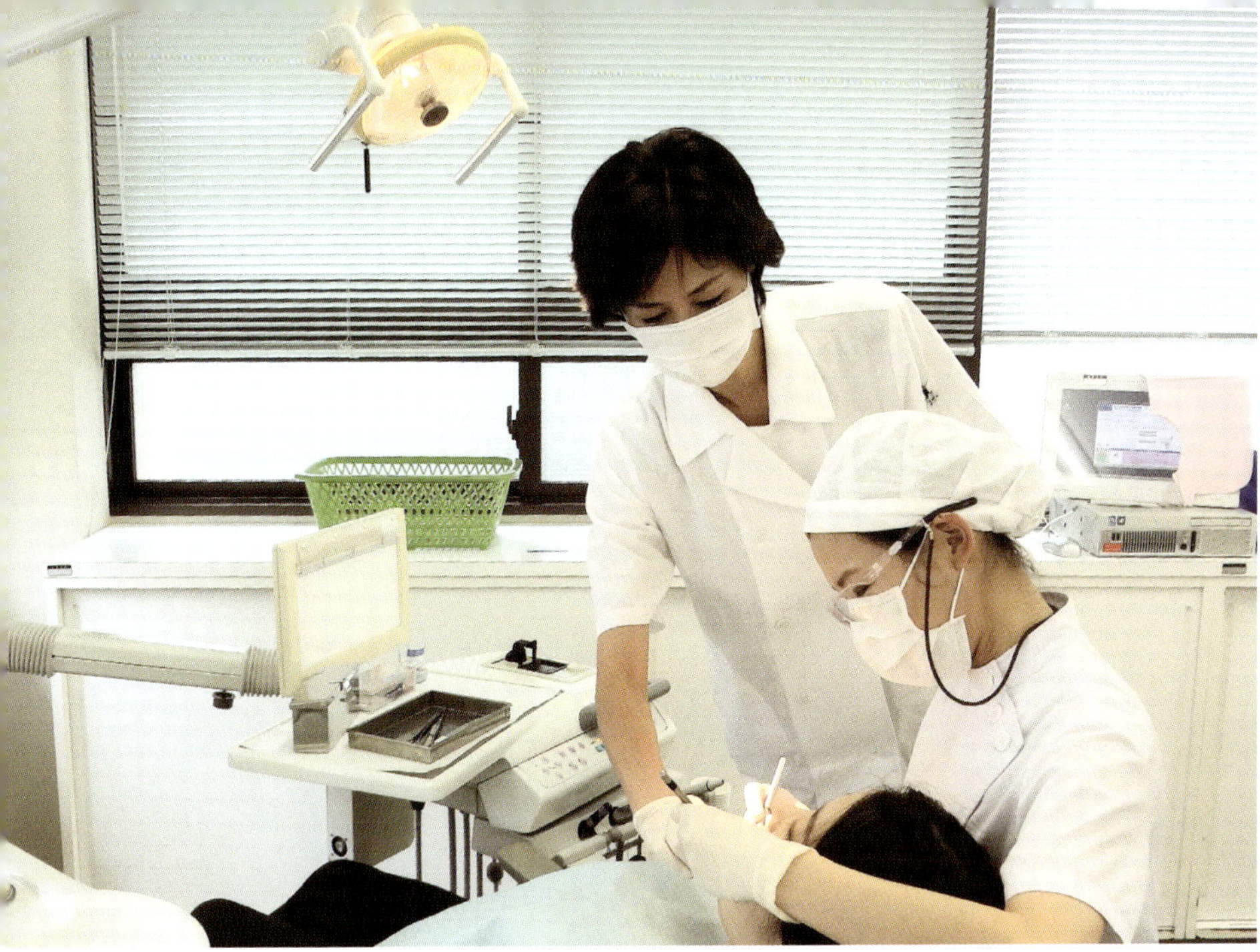

院内実習（５年生の臨床指導）

現役学生たちとの仲良しスナップ

学の教育理念の一つでもある「文武両道」、最新の歯科医学の知識と技能を身に付けると同時に「人」としての大切さを養っていけるよう、学生を教育していくことを自身に対する課題としています。

また近年、来院患者のニーズは多種多様化してきています。機能的な回復だけではなく、審美的な満足の占める割合も増加してきています。顎顔面はヒトの第一印象を決めるものであり、それに直接携わっているわれわれには重い責任がかかってきます。それ故、常に全力投球。「ベストを尽くす」がモットーです。

教育においても、診療においても、「女性」である特性を活かし、学生には知識を身に付けることに興味を覚えるよう、患者さんにはQOLの向上に少しでも役に立てるよう、日々邁進していきたいと思っています。

女性歯科医の厳しい現実

私は男女共学で教育を受けてきたため、あまり「男性」「女性」の区別をせずにいました。しかし、歯科界では、そこまで楽観的になれない現実があるのは事実です。「この時代に?」と首をかしげる方もいるかとは思いますが……。

同窓会の会務に携わっており、会員の動向を全国歯科大学同窓・校友会の会議で調査・発表する機会を得ました。そこで、女性歯科医師を中心に調査をしたところ、歯科医師会の入会率の低さはもとより、免許を取得してもそれを活かしきれていない、離職したままの女性歯科医師が多くいる現実を目の当たりにしました。それぞれ継続を断念せざるを得ない事情があるようですが、実にもったいないことだと思いました。

最近、女性歯科医師の会が各エリアや同窓会で立ち上がっています。本学でも校花にちなんで「桜

全国歯科大学同窓・校友会にて講演

会」という会を設立しました。学内はもとより、少しずつですが、他の会との交流も出てきて、意見交換がされています。そんな中、他校の会に出席した際に「女性の会とは将来、男女の差なく、切磋琢磨できる時代に備えるための会であると認識している」とあいさつされた若い女性がいました。雷に打たれたようになりました。その発言は、自身がもちろん女性であり、妻であり、歯科医師であり、さらには大学勤務医であり、教育者としての一面も持っている者であるが故の深い言葉だと感銘を受けました。生涯、忘れられない言葉となりました。

フラに夢中！

ハワイが好きで、子供のころは休みになると家族で、大学入学後は友人とよく行きました。それが高じて一時はハワイ大学でコースを取り、住むまでになりました。私にとっては本当に身近な、そしてとても心休まる場所がハワイです。空港に到着し、飛行機のドアが開いた瞬間、テンションがマックスになります。

ハワイといえばヤシの木、虹、パイナップル。忘れてはならないのがHulaです。ハワイにいた時はさほど興味もありませんでしたが、帰国後、まさにハマりました。古典フラに現代フラ、ハワイ語や神話の勉強に始まり、レイの作り方や楽器の練習。群舞もあればソロもあります。それぞれに胸がときめきます。時には競技会にも出場します。

競技会中のワンシーン

踊っている時は全てを忘れられます。

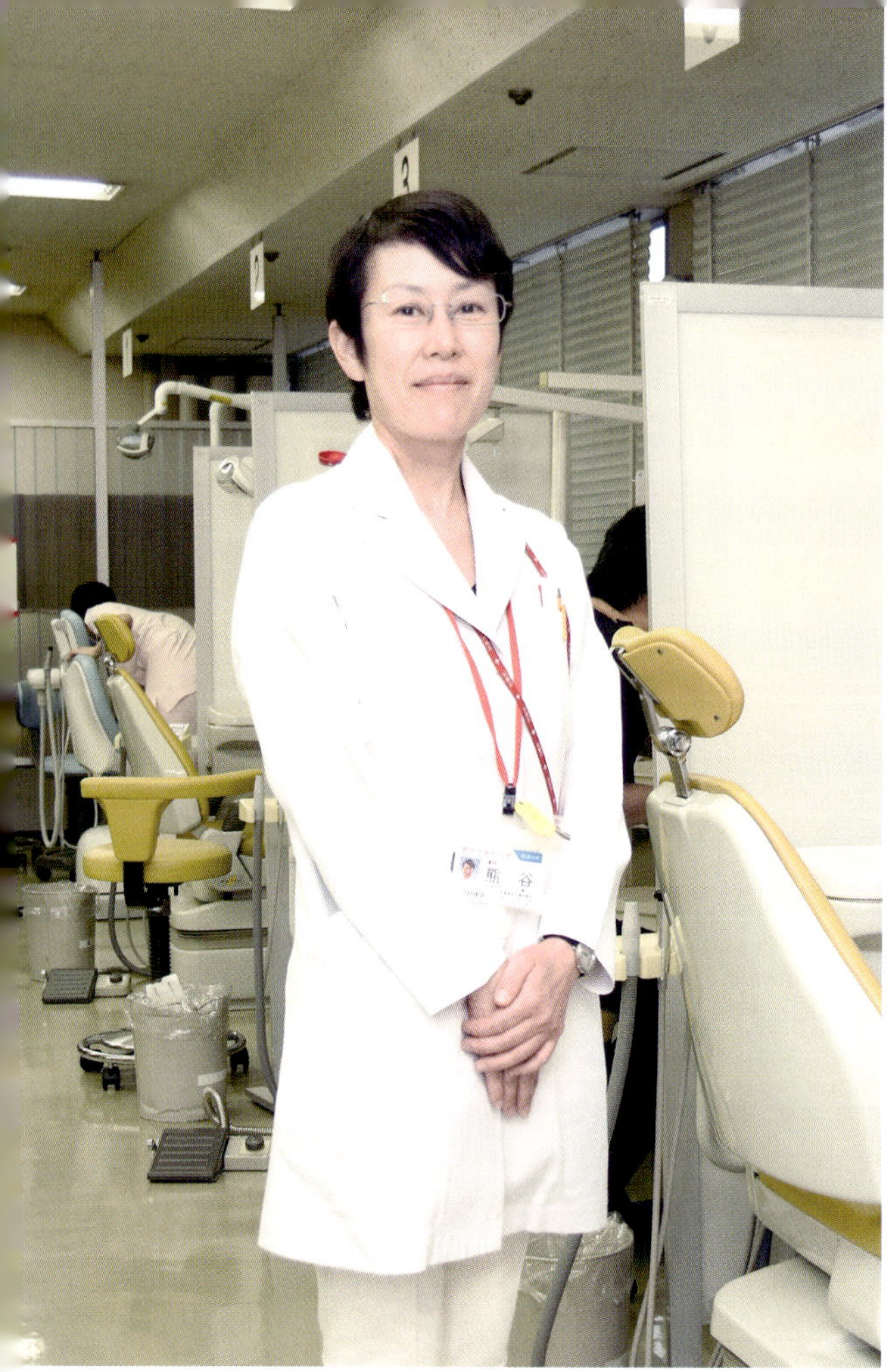

研究者――口腔外科・内科治療と研究・教育を両立

熊谷 章子

Kumagai Akiko

岩手医科大学歯学部 口腔顎顔面再建学講座 特任講師
同大学医学部 法医学講座 兼任講師

所属する学会・グループ◆日本口腔外科学会、日本口腔顔面痛学会、日本抗加齢医学会、日本法医学会、日本法歯科医学会など

出身大学◆岩手医科大学歯学部

座右の銘◆「有言実行」。常に頭の中にある言葉。最近では「キレたらおしまい」。ここ数年、この言葉を思い出して、グッと我慢することが多いかもしれない

岩手医科大学附属病院歯科医療センターの外観

岩手医科大学

岩手県盛岡市

卒業後、法医学を専攻し大学院へ

慶應義塾大学病院歯科口腔外科学教室で6年間臨床を学んだ後、夫の住む岩手県盛岡市へ移住。さらに新たなことを始めようと思い、法医学を専攻して岩手医科大学大学院医学研究科に入学、学位を取得しました。その後、再度、臨床医として、現在の職場である同大学歯学部口腔顎顔面再建学講座に所属しています。

内科的疾患に対応できる歯科医師の必要性

現在、高齢者に多く見られる口腔粘膜角化病変の、発症メカニズムにおける活性酸素の影響を研究しています。教育面では、本学歯学部3学年の口腔外科分野のcourse directorを担当、その他の学年でも講義を数コマずつ行っており、学生が寝てしまわないような講義内容を心掛け、構成の工夫に努力しています。

臨床では口腔外科外来で外科治療を行いながら、口腔内科診療も行っています。「口腔外科なのに口腔内科？」と思う方もいるでしょう。外科処置は必要なく、適切な検査、診断、加療を要する内科的疾患を抱える

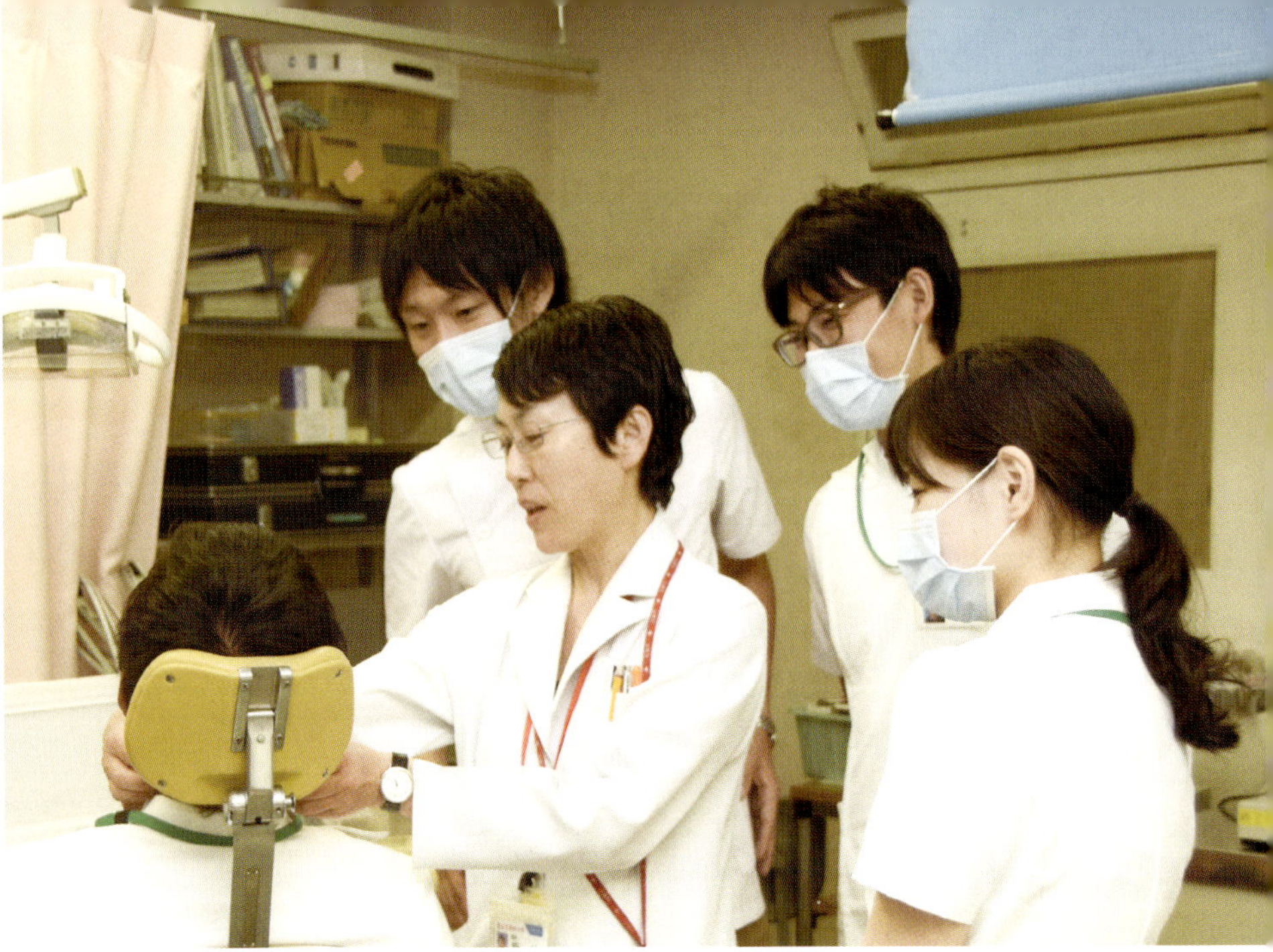

臨床実習生への指導風景

歯学部３年生と。今年度後半から臨床分野の講義が始まる

患者は少なくありません。しかし、う蝕や歯周炎、腫瘍とは異なり、目に見えない内科的疾患に対応できる歯科医師はまだまだ少ないのです。最近では口腔内科外来を設立する歯科病院も多く、その需要の多さを痛感している先生も多いと思います。学生の講義枠も増えてきています。

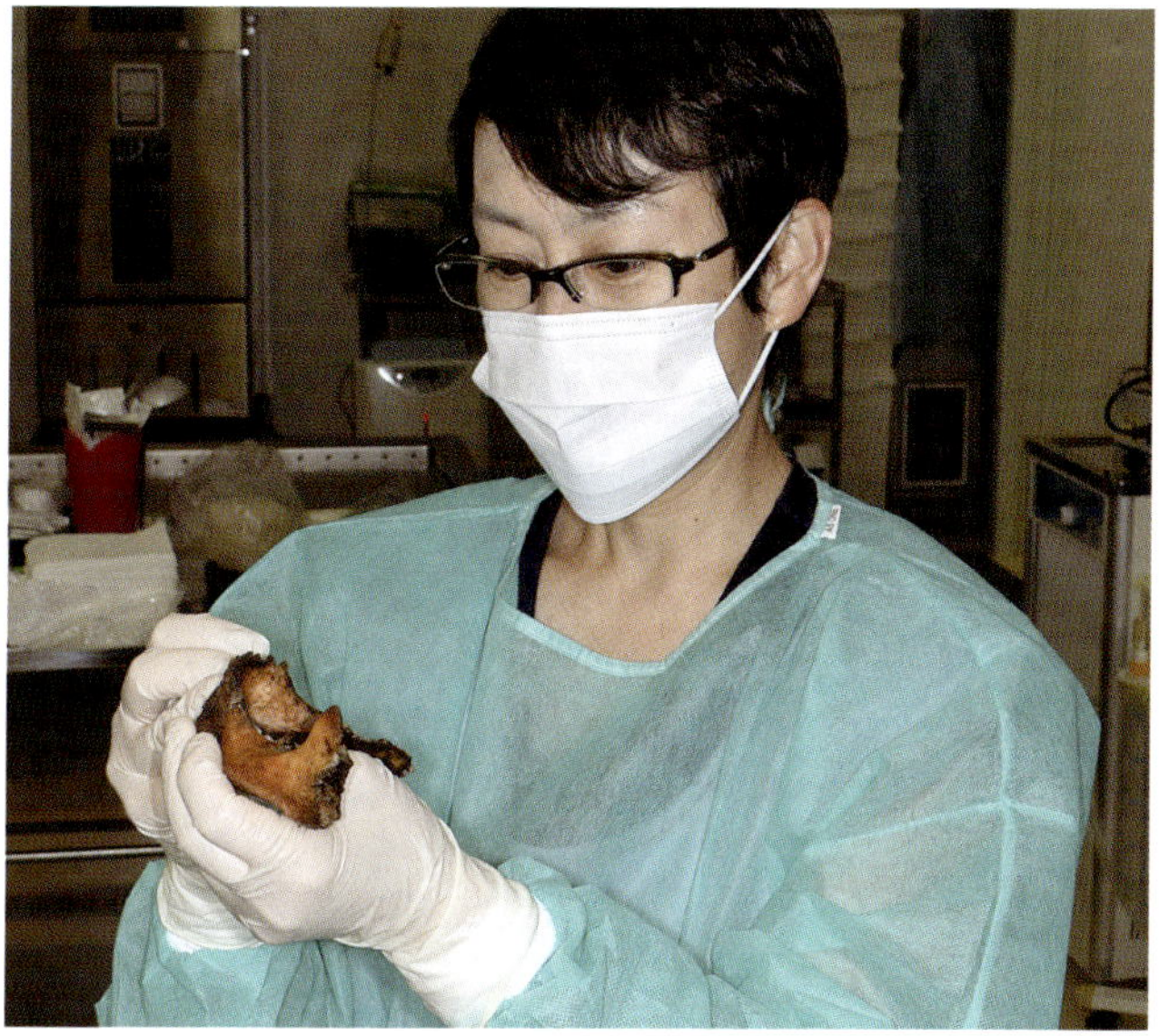

土中から発見された骨の観察

並行して、大学院卒業後も引き続き本学医学部法医学講座での法歯学的業務も遂行。現在では、多くの大学に法歯学講座が設立され、本学でも学生に対する法歯学教育に重点を置き始めました。

研究と臨床の両立という厳しい現状の中で

大学病院所属の医師・歯科医師の理想は、研究・教育と臨床との両立ですが、現状では教育と臨床が仕事の中心で、自身の研究は後回し。私だけに1日30時間与えてくれ、などとぜいたくを言いたくなります。ですが、今秋から1年間の海外留学が決まっており、この期間は思う存分、研究に力を注ぎたい、と今からワクワクしています。

自分の世界広げたい

本学歯学部から、２０１２年のClinical Research Award Best Researcher of the yearをいただきました。このような賞をいただくのは、大学時代の全日本歯科学生総合体育大会（全歯大）以来です。賞の獲得に恥じぬよう、さらに飛躍したいと思えるようになったことは、豪華な賞品ともいえます。

　これまでも決して考え方を片寄らせないため、できるだけ多くの学会に参加し、その道に精通する先生方と接触し、あらゆる思考を取り入れようと努めてきました。その中でも、２０１２年に参加した欧州法医学会がきっかけで、海外の友人とわれわれとの考え方の違いを知ることができ、私の中の世界が広がり、さらに広げたい欲求が生まれました。

女性だからこそある、今の私

　以前は生まれ変わるなら絶対男、と思っていました。恐らく、女であるが故に何かつらい思いをしたのでしょうが、今はそれが何だったのかは忘れてしまいました。女性だから今の私がある、と思える今日このごろ。これは夫をはじめ、周りの男性に感謝すべきことかもしれません。

成長を後押しするもの、元気の源

　人にも自分にも厳しい先輩がいます。その先生に追

仲間たちと毎年数回マラソンレースに参加している

北海道サロベツにて

いつけ追い越せと頑張ってきましたが、いまだに追いつけません。また、尊敬すべき後輩たちもいて、学会で再会するたびにその成長が目覚ましく、刺激になります。彼らには既に追い越されてしまったかもしれません。

私の元気の源であるうちの老犬・たろうは先日15歳になりました。今でも私を癒やしてくれています。しかし、最近かなり老いに拍車がかかり、歩くのもやっと。恐らく最期は遠い話ではないと思います。それまで快適に過ごしてもらおうと日々模索していると時間を忘れてしまいます。

夏のツーリング、マラソンレースへの参加など、毎年楽しみな恒例イベントがあります。しかし、年々増える仕事を理由に参加しにくくなってきた実情があります。この状態が徐々に悪化することだけは避けたいですね。そのためにも健康第一。1分1秒を無駄なく生き、頑張った後に毎晩おいしいビールを飲み続けたいと願っています。

研究者――麻酔学とともに山の医療の研究・出版も

野口 いづみ

Noguchi Izumi

元鶴見大学歯学部 歯科麻酔学教室 准教授

所属する学会・グループ◆日本歯科麻酔学会（認定医）、日本障害者歯科学会（指導医）、日本登山医学会（理事）、日本山岳文化学会（常務理事）、日本山岳会（理事）
出身大学◆東京医科歯科大学
著書◆（2013年以降発行）『山の病気とケガ』（山と溪谷社）、『山登りトラブル回避＆対処マニュアル』（大泉書店）、『歯科治療総合医療管理料算定のために』（医歯薬出版）、『緊急事態！歯科診療室で こんなときどうする？―DVDで学ぶ良い対応，悪い対応―』（永末書店）など
人物評◆最近、友人から、「会った後に、いつもほのぼのとした余韻が感じられる」と言われました。「天然ボケ」ということでしょうか

鶴見大学歯学部
神奈川県横浜市

麻酔の他、趣味の登山と関連した研究も

東京医科歯科大学を卒業後、歯科麻酔学教室に2年余り在籍し、その後、鶴見大学歯学部に産地直送されました。30年以上、鶴見大学に在籍し、歯科麻酔の臨床、教育、研究に忙しい生活を送りました。研究では全身麻酔薬による筋障害や、鎮静薬の周波数解析などを行い、中久喜学術奨励賞をいただきました。

趣味の山と絡めた研究として、富士山山頂の測候所跡地の研究施設で、マウスピースの夜間睡眠時の低酸素症に対する改善効果について研究しました。その結果、マウスピースはSpO_2（動脈血酸素飽和度）を平均5％程度上昇させ、低酸素症の改善に効果的であることが示されました。中には、睡眠時にSpO_2が30％台に低下する方で、マウスピースの装着で20％以上、上昇し、高山病改善効果も顕著なケースもありました。

さらに、富士山山頂で高濃度酸素溶存水（WoxR）についての研究も行いました。ウォックス®の500ミリリットルの飲用を開始して、SpO_2は20分後まで、組織内酸素飽和度は45分後まで、それぞれ上昇しました。

2015年2月、安達太良山の樹氷原に山スキーツアー

肺から吸収された場合に比較して長く効果が持続しますので、消化器から吸収される酸素の機序について、検討が必要と思われます。これからウォックス®の糖尿病患者への効果についての研究を予定しています。

国内外の山に登頂

趣味の山は、都立武蔵高校で山岳部に入部したのが、ことの始まりでした。大学卒業後はしばらく山から遠ざかっていましたが、卒後15年ほど経ってから、海外登山に行くようになりました。以来、キリマンジャロ、モンブラン、マッターホルン、エルブルース（ロシア）、玉珠峰（中国）と登頂し、パプアニューギニア、カムチャッカ半島などの辺境の山にも登りました。1995年にはペルー最高峰のワスカラン（6655メートル）に登頂し、これが私の最高到達高度です。

最近は、国内の山登りにも精を出し、冬は山スキー、夏は沢登りが多いです。毎年、スキーシーズンが始まり、真っ白な雪山の中に立つと、「この峻厳で清潔な世界へ帰ってきたのだ」と、心が躍ります。黒部川の険峡、上の廊下を遡行した時は渡渉《としょう》（川を歩いて渡る）

2009年7月、富士山山頂測候所跡地の施設にて研究。イモトの番組の"天国じじい"
こと貫田宗男氏（座っている赤いウエアの男性）も被験者として参加

2011年6月、第31回日本登山医学会を主宰
して、会長講演

2013年9月、剱岳南壁に岩登り

2015年3月、NHK BS「実践！ニッポン100名山」に3回登場して、
釈由美子さんと小林綾子さんに山の医療の実技を指導

でずぶぬれの毎日でしたが、澄みきった碧色の瀬の美しさは忘れられません。

山中で人命救助

山中では医療の必要に迫られることがしばしばあります。足がつった、スズメバチに刺された、膝が痛くて動けないなど……。足首をねん挫した仲間にテーピングをしたところ、歩けるようになり、「テーピングはマジックだ」と実感しました。山中のトレイルランニングで心肺停止状態になった男性をＡＥＤで除細動し、蘇生させたこともあります。

山の医療について講演

２０１３年に『実例から学べる！山の病気とケガ』（山と溪谷社）を出版し、イラスト（少々漫画チック）１００点弱を自分で描きました。14年には『山登りトラブル回避＆対処マニュアル』（大泉書店）も出版しました。両著とも、「分かりやすい」「実践的」

2015年7月31日、原稿の締め切り日に中央アルプスで万歳。背景は空木岳

「日常生活でも役に立つ」との評をいただいています。

出版以降、講演が増えてしまい、年間20～30回ほどあります。一般の方に分かりやすく山の医療の話をするということは、学生や一般の歯科医師に偶発症の講義、講演をすることと通じるものがあり、ハウツーが活きている気がします。

「山三昧」はもう少し先……

2014年の春、鶴見大学を早期退職し、「さて、趣味の山三昧」のつもりでした。ところが、臨床、執筆、講義などの仕事をこなすのに、予想外に時間が取られています。山関係の仕事としては日本山岳会理事、日本登山医学会理事、日本山岳文化学会常務理事として、会務に携わっています。退職後のプランの立て方を間違えてしまったかと後悔している次第ですが、ご用命があるうちが華かと、しばらく頑張りたいと思っています。

研究者―日本の中国人歯学博士第一号

方一如

Hou Ichinyo

大阪歯科大学 歯科東洋医学室 教授

所属する学会・グループ◆日本歯科東洋医学会、歯科基礎医学会、国際歯科研究学会日本部会（JADR）、国際歯科研究学会（IADR）、大阪歯科学会など
出身大学◆大阪歯科大学、江西医科大学（中国）
座右の銘◆「いつでも今日が人生の始まり」

大阪歯科大学
大阪府枚方市（楠葉校舎）

日本が第二の故郷に

中国では口腔顔面外科医師として鍼治療を行い、漢方薬の勉強をしていました。１９８６年に中国・上海から来日し、昼は大阪歯科大学で研究し、夜は夜間の鍼灸学校に通い、日本の鍼灸師免許を取るための勉強をしているうちに、瞬く間に年月が過ぎ、約30年が経ちました。そして、この美しい国・日本は私の心の中で見知らぬ異国から第二の故郷へと変わりました。

私を育て導いてくださった恩師の大阪歯科大学解剖学講座の故太田義邦名誉教授のご指導により、博士論文を書き、１９９３年に日本における中国人の歯学博士第一号になりました。95年には念願だった鍼灸師免許も取得して、東洋医学について教育と臨床の両面で活動ができるようになりました。

大歯大では東洋医学が必修科目

現在、全国の歯学部あるいは歯科大学において東洋医学教育を実施し、歯科東洋医学室が独立した形で存在する大学は２校、そのうちの１校が本学です。

本学では、２００４年から選択科目として「歯科と東洋医学」の講義が４年生を対象に開講されました。08年からは３年生を対象にした選択必修科目となり、現在までの受講生は延べ１千人を超えています。

議義の目的は東洋医学の知識を体得し、基本能力を身に付けることにあり、講義内容は東洋医学の歴史、概念、診断法、現代生活習慣病の予防と東洋医学の養生法、健康増進法、東洋医学の健康法、次いで歯科領域における鍼灸療法と漢方薬療法です。

第31回日本歯科東洋医学会で大会長として特別講義をした

講義では、学生に歯科東洋医学の学習の必要性を認識させ、学習意欲を高める対策を取り、能動的に東洋医学の講義に参加できる教育環境を創出することが重要と考えています。そのため、学習方法としてスライドを用いた講義だけでなく、クイズ形式で質問したり、内容を復習する小テストを行ったりしています。また、歯科領域の鍼灸体験実習も導入しています。

２０１２年度に行った講義前・後のアンケートから、学生が東洋医学に興味を持っていることが明らかになり、積極的に講義を受けることが、顕著な教育効果を上げるという成果を得ました。研究報告として、「大阪歯科大学における能動型学習方法を用いた歯科東洋医学の教育効果について」（日本歯科医学教育学会会誌2014:30:88-97）があります。

文化と人を結ぶ「宝の橋」

東洋医学は「心身一如」という考え方に基づきます。「一如」は「真理は一つ」という意味です。父から「一如」という名前を付けられたことで、私は生まれた時から東洋医学を普及する使命と義務を背負ってきたのでは

大学での歯科と東洋医学の講義。ダイエット効果が期待できるため特に女子学生に人気の耳の鍼

ないかと考えるようになりました。私にとって東洋医学は、文化と人を結ぶ「宝の橋」で、これを用いて人の役に立つことが何よりの喜びです。

大学での教育、日中歯科領域の交流、公開講座の講演、患者さんへの鍼治療など、さまざまな仕事と活動を通じて、国内外で3万人を超える数多くの方と人間関係を築けたのも、ベースに東洋医学があったおかげです。今日では「健康に基づく自然美」を追求するため、より自然で非侵襲的な方法が求められています。そういった面でも東洋医学は有用だと考えています。

中国5大学との橋渡し役

来日して約30年の間に、私は大阪歯科大学の解剖学講座、口腔病理学講座、歯科麻酔学講座にて手掛けた研究について、150を超える学会発表と論文公表を行ってきました。

中国では医師として臨床治療と手術の経験がありましたが、研究の仕事には全く無縁でした。来日後、口腔外科に関する基礎研究のテーマに全力を投入した結果、幸運にも笹川医学在日研究者の奨学金をいただく

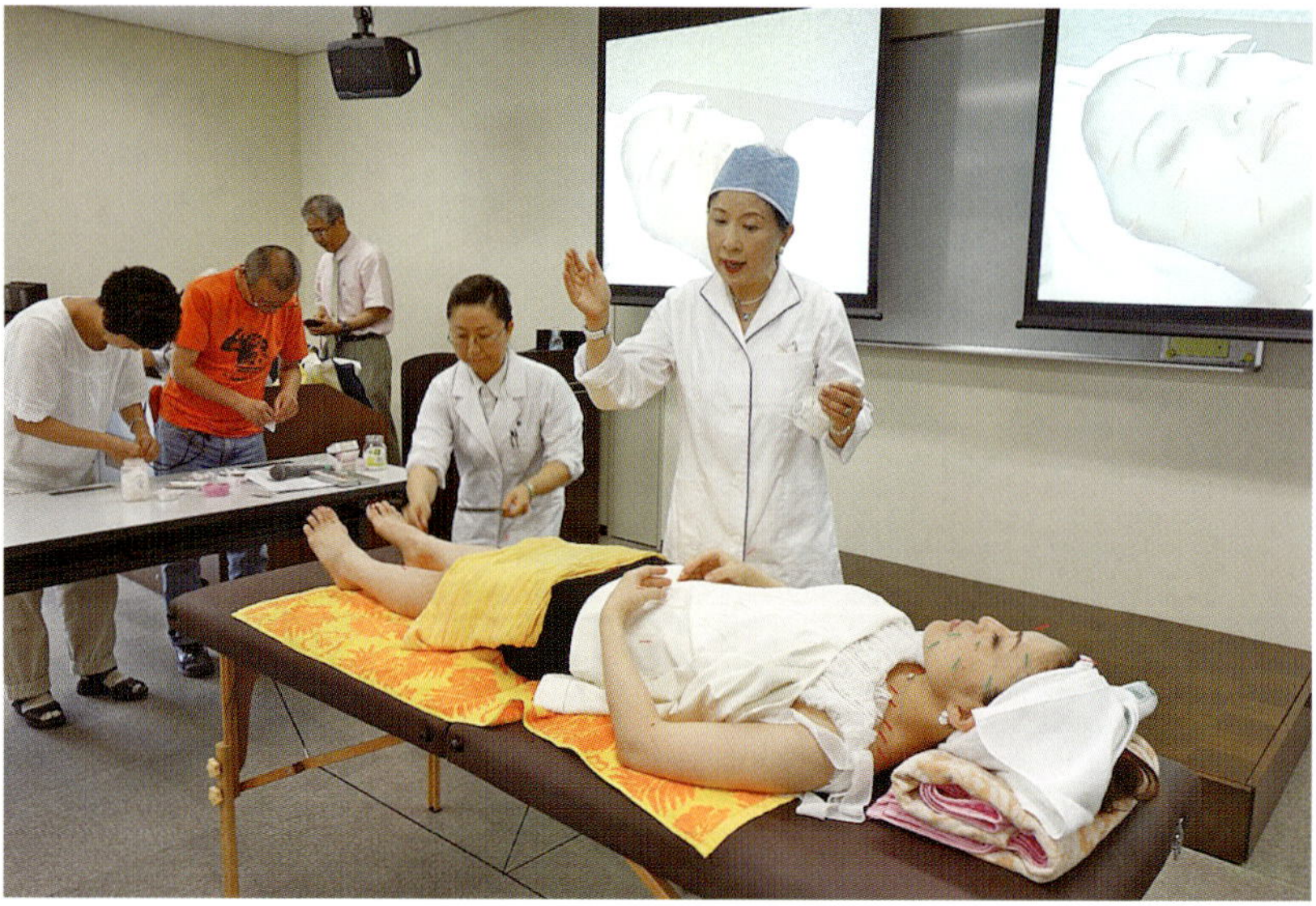
日本歯科東洋医学会関西支部での特別講義後に、日本の美容鍼を使った治療を実演

アメリカ・ニューヨークの中医学院での特別講義終了後、アメリカ人と質疑応答（2010年）

私の第二の母校・大歯大

留学生時代から、講師、准教授、教授となった今日に至るまで私を育ててくれた大阪歯科大学は、私にとっての第二の母校。本学の故佐川寛典元理事長・学長、故今井久夫元理事長・学長には、就職時に大変お世話になりました。さらに、川添堯彬理事長・学長は外国人の私を本学創立以来初の女性専任教授に任命してくださいました。

来日間もないころは、文化や習慣、言葉の違いが壁となって、多くの困難に見舞われました。それを乗り越え、私の成長に力を貸してくれたのは日本の良き師、良き友にほかならず、私はこのご恩を生涯忘れません。今、この恵まれた境遇を思い返すたびに、あらためて感謝の気持ちでいっぱいになり、出会いの一つ一つに「ありがとう」と言いたいです。今後も日本と中国、世界を結ぶ、東洋医学という宝の橋を通じ、多くの方と交流するとともに、学生教育に全力を尽くしたいと考えています。

ことができました。また、２０１０年には中華口腔医学会の学術交流合作貢献賞、14年には第11回世界中医薬大会の国際優秀論文賞を受賞しました。

もう一つ、私が心血を注ぐことに国際交流があります。大阪歯科大学と中国５大学（上海交通大学口腔医学院、南方医科大学、四川大学華西口腔医学院、西安第四軍大学口腔医学院、北京大学口腔医学院）は、国際交流プログラムで相互に留学生を受け入れていて、中国５大学の客員教授、国際交流顧問として数多くの優秀な学生を育てることができたことを自身の誇りに思っています。

恩師に教わった人生訓

大阪歯科大学解剖学講座の諏訪文彦名誉教授は、研究の他に「人間には、信念がいる。平和がいる。欲望はない方がいい。努力と誠実がいる」という人生訓を教えてくださいました。また、学問だけでなく私の家族も支援してくださるなど、公私にわたってのご指導に心から感謝しています。

研究者―母校の国際交流に貢献

森尾　郁子

Morio Ikuko

東京医科歯科大学 大学院医歯学総合研究科
歯学教育開発学分野 教授

所属する学会・グループ◆日本歯科医学教育学会、日本医学教育学会
出身大学◆東京医科歯科大学歯学部卒、同大学院歯学研究科修了（口腔病理学専攻）
影響を受けた本◆『7つの習慣』スティーブン・R・コヴィー（キングベアー出版）
座右の銘◆一期一会

東京医科歯科大学
東京都文京区

3年半の米国生活を経て、母校に勤務

大学院で口腔病理学を学んでから6年弱、助手（現在の助教）として口腔病理学講座で働きました。医学部附属病院での病理解剖や、歯学部附属病院検査部での生検・手術材料の診断業務の他、教授が行う口腔病理学の講義や実習の補助を行い、自分の研究として大学院時代から行っていたマウスの歯胚を使った研究を続けました。大学院3年の終わりごろに結婚し、助手6年目に出産し、夫の米国留学に合わせて辞職しました。

3年半の米国生活を終えて帰国後は、日米会話学院の大井孝学院長のご紹介で、全国社会福祉協議会国際部で嘱託として通訳・翻訳をする傍ら、母校の非常勤講師として歯学科生の英語科目を担当しました。米国での経験を活かして、母校の国際交流に貢献したいという思いで、辞職から6年後に歯学部国際交流室の講師となり、その後の大学院重点化の流れの中で、新しくできた大学院の歯学教育に関する分野の助教授、教授となりました。

大学が海外拠点を置くガーナ大学から学長が訪問した際に学内を案内（2011年10月）

40を超える海外の歯科大と交流

職場復帰後は主に歯学部の国際交流や英語教育に関わってきました。現在歯学部では、40を超える海外の歯科大学と交流協定を締結して活発な国際交流を展開しています。本学は東京の中心部に位置していることから、協定校や協定校でない歯科大学からも研究者や学生が頻繁に訪れます。本学をよりよく知っていただき、教員や学生とも交流して好印象を持って帰っていただくように努めてきました。

所属する大学院の分野は歯学教育に関する教育研究をするところで、現在は留学生を含む大学院生を数人お預かりしています。自分自身の研究テーマはフランスの歯科医療・歯学教育で、少しずつですが研究を進めています。米国や英国の歯学教育に関する情報は少なからずありますが、フランスについてはあまり情報がありません。フランスには歯科衛生士という職業はなく、歯科医師は歯科助手と歯科技工士とともに歯科医療を担っています。基本的には歯科医師が何でもするという職人的なところが、日本と似ている気がして

ボストン大学歯学部（米国）との交流協定調印後（2015年7月）

東京医科歯科大学の立体駐車場屋上庭園「知と癒しの庭」

国際交流センター日本語研修コース開講式（2015年4月）

います。

国際交流で大切なこと

大学の国際化が喫緊の課題であるといわれていま す。何でも英語になっていればありがたがられるような時代ではなくなっていますし、内容が大切なのは言うまでもありません。それでも、そこに一人でも日本語が分からない人がいたら、自然と英語で会話するような学内になってほしいと願っています。

国際交流に携わることで、文化の違う留学生や海外からの訪問者と接する機会に恵まれてきました。もしかしたらもう二度と会うことはない人も多いのです。だからこそ、「一期一会」ではありませんが、その人が目の前にいる瞬間は、その人との時間を大切にしたいと思っています。

大学内での国際交流協定締結の手続きや交流実績の報告など、国際化のための基盤整備には多少なりとも貢献できたと思います。しかし、国際化への道のりは始まったばかりです。

子育てを支えてくれた人、言葉

学問のメッカであり、日本から留学する先生も多い米国・ボストンで、主婦として子育てをして過ごしました。気付けばジーンズの膝の部分がよく擦り切れていました。米国では小さい子を連れていると皆とても親切で、娘と一緒に行けるところにはどんどん出掛けていきました。2年ほどして子供を週に2日ほど保育園に預けるようになって自分一人の時間ができてからは、美術館や大学のセミナーなどに出掛けるようになりました。

帰国して常勤職に復職したのは娘が小学1年生になった時で、学童保育所から家に連れて帰ってもらい、私が帰宅するまで面倒を見てくれる方をお願いしていました。保育園への迎えが間に合わない夢をよく見ました。

たくさんの方の支援で復職

今では育児休業制度がありますが、一度辞職して同じ職場に復帰した例は少ないと思います。復職できたのは恩師である山本肇元学長や江藤一洋元歯学部長の配慮によるところが大です。２００９年に国際交流センター長になって、大学の国際化のためには教員と事務職員が協力することが大切であると実感できたのは大山喬史前学長のおかげです。

また、主婦のリハビリを温かく支えてくださった川口陽子教授には国際交流の心得として「慌てず、焦らず、当てにせず、頭にきても、あきらめず」と教えていただき、仕事を続ける上で今でも役立っております。

パワーの源は毎日のフランス語

幸い頭の容量が少ないので、ある問題に悩んでいても、次の問題が入ってくると前の問題ははじき出されてしまうようで、ストレスはそれほどためずにすんでいます。

朝は30分間でもフランス語の原書を、辞書を片手に読むようにしていますが、この時間が私のパワーの源になっています。朝出合った単語にまたその日のうちに出合えると、とても幸せな気分になれます。

研究者――口腔外科医としてガイドライン作成も

矢郷 香

Yago Kaori

国際医療福祉大学三田病院 歯科口腔外科 准教授・部長

歯学博士（東京歯科大学・口腔外科）

所属する学会・グループ◆日本口腔外科学会（代議員、専門医、指導医）、日本有病者歯科医療学会（理事、指導医）、日本小児口腔外科学会（評議員、指導医）、日本顎顔面インプラント学会（運営審議委員、指導医）、日本がん治療認定医機構暫定教育医（歯科口腔外科）　他

出身大学◆東京歯科大学

著書◆『そのまま つかえる照会状の書き方』『これならわかるビスフォスフォネートと抗血栓薬投与患者への対応』『薬'15/'16歯科　疾患名から治療薬と処方例がすぐわかる本』（クインテッセンス出版）、『抗血栓療法患者の抜歯―臨床Q & A-服薬を継続した安全な歯科治療』（医学情報社）　他

影響を受けた映画◆中学生の時に英語の先生に勧められて観た「風と共に去りぬ」。その時にスカーレット・オハラのように毅然とした強い女性になろうと決心したのかも……

座右の銘◆母校の横浜雙葉学園の校訓「徳においては純真に、義務においては堅実に」

人物評◆同級生は「大学時代はちょっと天然。今は相談にすぐ答えてくれて頼りになる」、職場スタッフは「姉御肌で面倒見がいい」「いつも明るく笑顔で周りが元気になる」と言ってくれています

病床291床。充実した最新の設備を有する会員制の
健康管理クラブ「三田メディカルクラブ」もある

国際医療福祉大学三田病院

東京都港区

専修医時代のハードな経験が現在の基盤に

東京歯科大学を卒業後、慶應義塾大学医学部歯科・口腔外科学教室に入局し、口腔外科全般について学びました。今考えると大変恐ろしいことですが、入局2カ月後には一人で当直をしなければならず、夜中に顎骨骨折のシーネ巻、抜歯後出血、蜂窩織炎など、さまざまな症例を体験しました。カリエスによる歯痛なのに、タクシー代わりに夜中に救急車で来る患者がいましたが、救急車は要請があれば断れないので、これは非常に大問題だと感じました。専修医時代の給与はすずめの涙ほどでしたが、先輩方に教えていただいたことが、現在の自分の基盤となっています。

３年目に出向した立川共済病院で顎変形症の手術を執刀した際、患者の顔貌も劇的に変わりましたが、性格も非常に明るくなったことに感激しました。特に恩師・朝波惣一郎先生がドイツで学んだ口腔がん手術後の広範囲な顎骨欠損にインプラントを応用する治療法は画期的でした。

慶應病院在籍中に、日本口腔外科学会専門医・指導

医を取得し、２０１１年4月に国際医療福祉大学三田病院の歯科口腔外科部長になりました。

手術前後の周術期管理に重点

月・水・金曜日の午前は手術室で嚢胞・腫瘍・骨折・顎変形症などの全身麻酔手術やインプラント手術を施行し、外来では埋伏智歯の抜歯や小手術をしています。埋伏智歯はもう何千本と抜歯していますが、埋伏歯にはバリエーションがあり奥深く、口腔外科手術の基本だと思います。しかし、保険点数が医科に比較して非常に低いので、「こんな大変な抜歯なのに１０５０点なんておかしくない?」と愚痴をこぼすことも多々あります。手術時間が同じなのに医科と保険点数に天と地の差があり、いつも部長会議で医科がうらやましいと思っています。それをカバーするために地道に地域医療連携を行い、紹介率は常に上位を保っています。

病院歯科の重要な役割の一つは、やはり口腔ケアです。当科では、がんの手術・放射線治療・化学療法の前後の周術期管理を積極的に行っています。特に、頭頸部がんに対する放射線・抗がん剤治療による口内炎の発現率は高いので、治療前からのケアは必須です。患者のＱＯＬを高め、治療を完遂させ、在院期間を短縮する効果があります。分子標的薬など新規の薬剤も顎骨壊死や口内炎を誘発するので、今後ますます歯科の存在意義をアピールできるのではないでしょうか。

最悪を想定して対応策考える

口腔外科医に必要なのは冷静な判断力です。顎顔面外科手術時は思わぬ大出血や気道閉塞を来すこともあります。私は、常に最悪の事態を想定してその対応策を考え、なるべく想定内にしておけば慌てずに処置できるのではないかと考え、診療しています。研修医が縫合時に患者の口腔内に針を落としたら……、またはモンスターペイシェントが半個室の診療室に入ってきて暴れたら……など、あまりに先のことを考え過ぎて、「そんなこと起きない」と笑われることもありますが、慎重な姿勢が大切だと思います。しかし、慎重すぎても発展がないので、新しいことにもチャレンジするようにしています。「失敗を悲しむことはない。失敗からは教訓が得られる」。あるテレビ番組で聞いた言葉が心に強く刻まれています。

歯科界で今、早急に解決しなければいけない問題は、国民の歯科インプラントに対する不信感です。「インプラント治療は怖いですよね」と言う患者が実に多いです。そのような患者には、時間をかけて説明し、インフォームドコンセントを経てインプラント治療をすると、「義歯よりも噛める」ととても喜んでくださいます。たくわんが噛めるようになったとか、ゴルフのドライバーの飛距離が伸びたとか……。私がはまっている韓流ドラマで、犯人追跡のために探知機を入れたインプラントを顎骨に埋入するというシーンもあるくらい、韓国ではインプラント治療が定着しているようです。今後、国民の歯科インプラントに対する誤解を解くような仕事をしたいと思います。

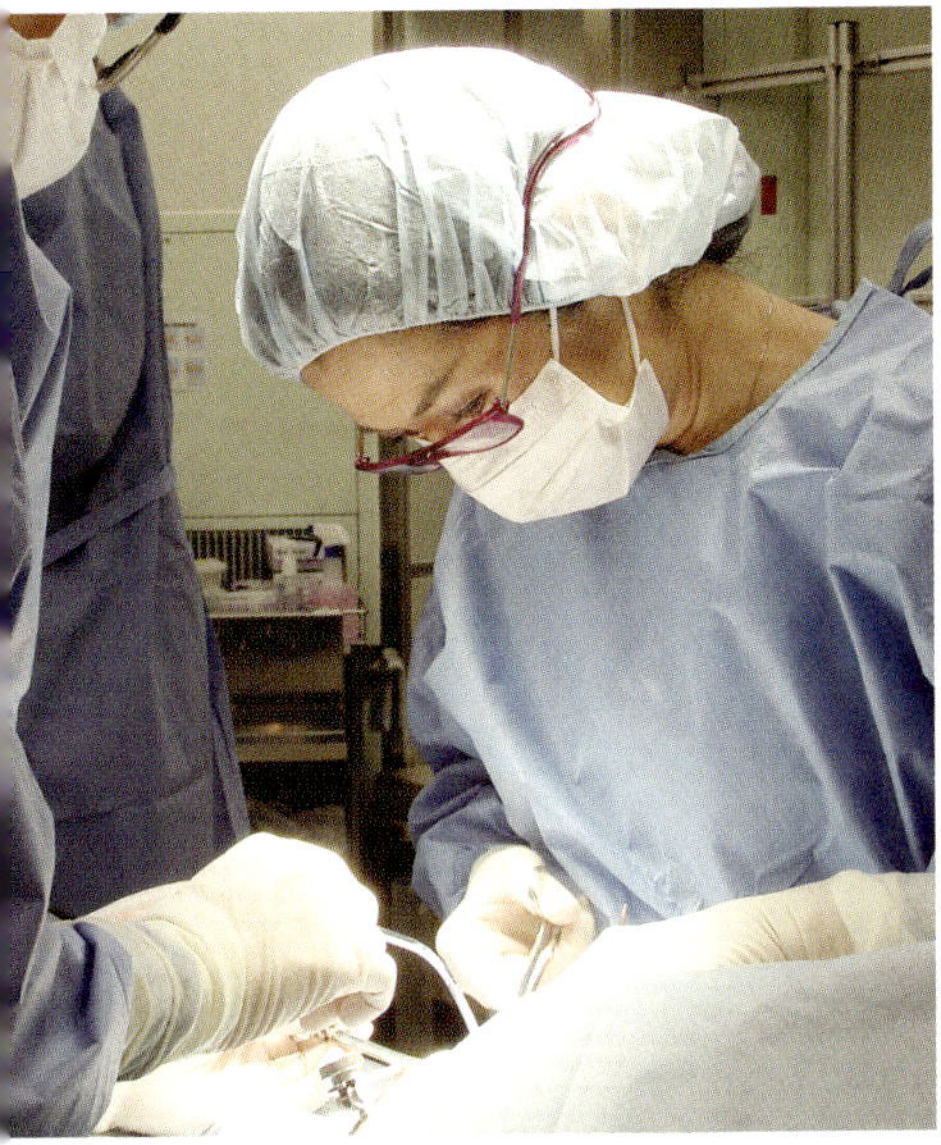
全身麻酔下で手術中

抗血栓薬についてガイドライン作成

私が今までに精力的に行ってきた研究は、「抗血栓療法患者の抜歯に関する臨床研究」です。長年、ワルファリンやバイアスピリンなどの抗血栓薬を継続したまま抜歯すると出血のリスクがあるため、抜歯の際には中断されてきました。しかし、抗血栓薬を中断すると脳梗塞などを発症するリスクがあり、医療訴訟にもつながることなので、継続下で抜歯を行うべきだと強く感じ、研究を開始しました。有病者歯科医療学会が中心となってガイドライン作成委員会が設置され、ワーキンググループ長に任命していただき、２０１０年に「科学的根拠に基づく抗血栓療法患者の抜歯に関するガイドライン」を作成しました。その後、直接トロンビン阻害剤などの新薬も市場に出、15年3月には改訂版も出版されたので、ぜひとも目を通していただきたいと思います。

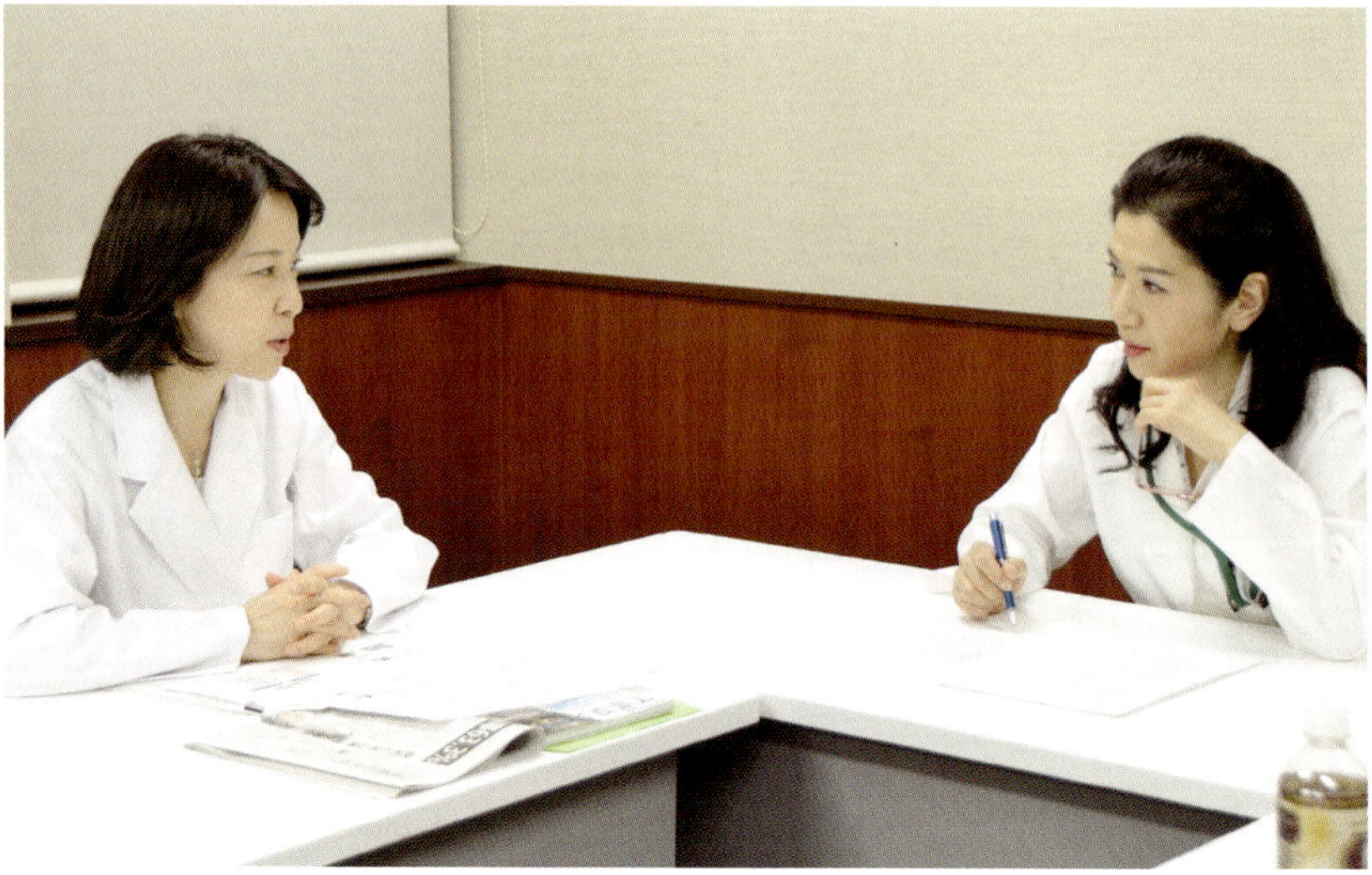

日本歯科新聞の「医師からのメッセージ」第１回の対談相手、東京女子医科大学神経内科准教授の飯嶋睦は、実は私の妹。３人兄弟の中で私が一番おとなしいと言うと周囲から「恐ろしい兄弟だ」と驚かれる

超高齢社会で医療連携は必須

高齢者夫婦のビスフォスフォネート（ＢＰ）製剤による顎骨壊死を経験し、学会発表したことが印象に残っています。夫は前立腺がん、妻は骨粗鬆症でＢＰが投与されていました。前医が服薬を知らないで抜歯とインプラントを施行し、最初に妻が激痛と下唇の知覚鈍麻で来院、その後「夫も同じ病気かも」と連れて来ました。夫婦で骨髄炎は非常に珍しく、やはり共通点のＢＰ製剤が原因と考えられました。

超高齢社会の日本では、何らかの疾患を有する患者が歯科受診をするので医療連携は重要です。日本歯科新聞で２０１４年５月から15年３月まで「医師からのメッセージ」の対談を連載させていただいたことは非常に勉強になりました。

歯科で女性が評価されるためには……

女性が男性と同じ評価を得るには、仕事量も努力も男性の３～５倍必要だと思います。口腔外科の世界では、きちんと仕事をすれば男女の区別なく評価を得られると感じています。しかし専修医時代は、女性は養ってくれる夫がいるからと、給与の良いバイト先は男性が優先・優遇されていたので、不公平感はありました。女性ならではの利点は、「優しそう、話しやすそう、質問しても丁寧に答えてくれそう」と思われる点だと思います。

導いてくださった恩師

私に口腔外科への道を開いてくださったのは、慶應、三田病院でお世話になった朝波惣一郎前教授です。「抗血栓療法患者の抜歯の研究」も全面的にバックアップしてくださいました。先生は伝統ある東京歯科大学の山岳部出身で、何度か山で死にそうになった経験から、危機管理能力に優れ、口腔外科の手術時も冷静に対応されていました。バイタリティーがあり、現在も日本全国、世界を駆け回り、インプラントの手術をされています。

口腔外科は体力勝負

一見、私は「家でグランドピアノを弾いているイメージがある」と言われますが、実は体育会系、肉食系女子です。口腔外科は長時間手術もあり体力勝負ですので、パーソナル・トレーナーと軽い筋トレの他、ミット打ちをしています。誰かの顔に見立ててミットを思いっきり打つとストレス発散でき、ウエストシェイプにもなるので一石二鳥です。

旅行も好きで、プランニングは完璧にします。飛鳥Ⅱでの船旅は、飛行機に比べてとても楽でお勧めです。

町田晋一トレーナーとの筋トレ（原宿・mouz-studio）

客船飛鳥Ⅱで。船内のレストランでフレンチの夕食

2

わたしのお気に入りの一作

日本歯科新聞連載「デンタル小町が通る」より

臨床や教育現場での思いなどを女性歯科医師の視点から綴る日本歯科新聞のコラム「デンタル小町が通る」。連載から著者が選んだ１回です。

伯父への恩返し

◆天川 由美子

高校3年の12月ごろ、広島県で開業していた歯科医師の伯父から「資格を持つのもいいよ。受かったら学費は援助するよ」と歯学部受験を勧められた。じゃあ試しに受けてみようかなという軽い気持ちで歯学部は鶴見大学だけ、そしてもともと予定していた農学部や家政学部を5、6校受験した。その結果、鶴見だけ合格し、他の大学や短大は全部不合格。運命のいたずらで歯学部に進学することになった。そして約束通り、伯父は6年間の学費を全て負担してくれた。歯科医師としての私があるのは、伯父のおかげである。

伯父は60代になっても東京の講演会で偶然会うような勉強家。私はそんな伯父に、援助してもらったことを後悔させないように頑張ろう！いつか恩返しをしよう！と心に刻んできた。

そんなある日、恩返しのチャンスがやってきた。東日本大震災から1年後の2012年3月、広島国際会議場で200人もの参加者を集結させた「Journey to the Future」である。チャリティー講演なので私を含む同年代のスピーカー6人への講師謝礼は交通費程度。会場手配から宣伝、展示募集、懇親会まで全て自分たちで企画した。

講演会には伯父を招待し、懇親会では乾杯のあいさつもしてもらった。「ずいぶんいろんな人を巻き込んだねぇ」と感心する伯父。広島に錦を飾るという私の死ぬまでにやりたいリストナンバーワンはクリアされた。また、200万円近くを被災地に寄付し、スピーカーの先生は今でも全国で大活躍。願えばかなうというのを実感した瞬間だった。運営側や参加してくださった皆さまに本当に感謝している。

一方伯父は、その月末の自分の誕生日にリタイアした。今では東京での同窓会にも度々来ているようで、ゴルフや旅行を楽しんだり、フランス語などいろんな習い事で忙しそうだ。

伯父への一番の恩返しは、私が歯科医師の仕事を楽しみ、幸せな人生を送ることだろう。そして最近考えるのは、4人のおいやめいの教育費を私が援助する番かもしれないということ。せこい伯母サンは、「国立大学に合格したら学費全部出してあげるからね！」と激励中である。

（2015年4月28日付掲載）

◆石塚 ひろみ

「ウツボ」のアゴ

「サメみたいに、ガバァ～っと何度も歯が生まれ変わってくれないかね～」と歯が抜けてしまった患者さんが言うことがある。確かに、ベルトコンベヤー式に次々と新しい歯が待っているなんて歯医者いらず！　2、3日で使えるようになるからスゴイ。インプラントも義歯もいらない。

しかしサメなどの魚類の歯は顎骨と結合しているので、折れれば顎骨骨折の恐れがあり、抜髄（?）どころでは済まないから大変だ。あんなに次々と歯を作っているのだからカルシウムのサイクルもメチャクチャ効率が良いに違いない！　サプリにも、実は美容にも使われているので、歯科にも何か使えないものか……と、考えたりするが一切行動はしていない。あしからず。

このようにサメの歯をうらやましがる人は多いが、歯科的にもっとスーパースターになれる魚がいた！　歯はサザエの殻を割るほど強く、開口量も嚥下も〝五つ星☆〟。その名は「ウツボ」。岩場の影からヌゥーっと出てくる〝海のギャング〟だ。ウツボはなんと「第二のアゴ」を喉の奥に持っているのだ。人間は顎の下に首があり胴があるが、魚は首がなくてすぐに胴。直線上にあるので嚥下障害の心配はないはずだが、ＮＨＫの「ダーウィンが来た！」では内視鏡・Ｘ線撮影を使ってその様子を捉えていたから、思わず夕食の茶わんを落としそうになった。嚥下に興味がある方にはぜひご覧いただきたい超マニアック映像だ。

それによるとウツボは口を開けた時に吸い込む力が弱く、喉の奥に獲物を運び込むのに苦労するそうだ（まさしく嚥下障害！）。そこで喉の奥にある「第二のアゴ・咽頭顎」が獲物を捕らえた時に前方に飛び出してつかみ、一気に引き込むというスゴ技。嚥下障害の方ならそれこそ喉から手が出るほど欲しい代物、サメの歯よりうらやましいかも。

でも私たち、哺乳類には自由に動く舌がある。魚類にも舌はあるが内部に硬い骨があるため（これこそ舌骨）、曲げたり、ねじったりの柔らかい動きはできないのだ。つまりぺろぺろ舐めたりできない訳で〜、アレレ味見できない!?　どうしてるの？　ここからは、次のお楽しみに。またまたオタク話でした。

（２０１３年８月27日付掲載）

小野小町は歯周病？

◆岩崎 万喜子

京都の山科にある随心院というお寺で、恒例行事の小町祭が行われ、今年度のミス小町が選ばれたという記事が新聞に写真入りで掲載されました。随心院は、小野小町が晩年を過ごしたと言い伝えられているお寺で、秀吉のお花見で有名な醍醐寺の近辺にあります。デンタル小町のコラムを書かせていただいているご縁で、この小町祭が行われた随心院に初めてお参りに行って来ました。

ところで、小野小町と言えば才色兼備のお嬢様でたぐい稀な超美人――と思っていたのですが、随心院では、私の想像とはかけ離れた小野小町の木彫の坐像に出会うことになってしまいました。

その坐像とは、まさに老醜を晒した小野小町でした。顔はシワだらけ、目尻は垂れ下がり、歯はほとんど抜け落ち……。どこにも世界三大美人の面影はありませんでした。

偶然ですが、京都市にある近衛家1千年の書画が所蔵されている陽明文庫にも、小野小町に最も近いと言われている玉造小町壮衰書の小町老衰図が残されていて、これは随心院の小町の坐像よりもさらに醜く描かれていました。

なぜこんな哀れな姿の坐像や絵画が残されているのかと言うと、識者の説によれば、「浮き世の果ては皆小町なり」と、いくら美人で華やかな恋を重ねても、いずれは老い衰え惨めな状態に落ちぶれる小野小町と同じ運命となるという、人間の嫉妬の表現なのだそうです。

それはさておき、歯科医の私の眼には、やはり気になったのは口と歯でした。上顎には犬歯らしきものが2本、下顎には1本の歯が残っているだけでした。もし小野小町にかかりつけの歯科医がいれば、歯周治療や補綴処置を受けることができ、もっと長期間にわたって美しさを維持できたかもしれません。

それから1200年、今は8020運動に象徴されるように、高齢になっても歯が残せる時代になりました。私は全ての点で小野小町には及びませんが、歯に関しては8028――つまり、生涯歯を失わないデンタルの小町を目指して頑張りたいと考えています。

皆様、どうぞよい年末年始をお迎えください。

（2007年12月18日付掲載）

名前の由来

◆大原 庸子

最近、夫から心に残る話を聞きました。夫は患者さんとの会話で、お子さんの名前の由来を聞くのが好きだと言うのです。

その理由は………。

◆

当医院には多くの子供が来院します。このごろはすてきな名前が多いのですが、読めないことがあります。

水流（みる）、愁琉（しゅうる）。見宇妃（みうひ）、斗宇一（とうい）。七虹（ななこ）、爽楽（さら）、位璃（いり）。宙（ひろ）、天（たか）。宙周（ゆちか）、紀周（きいす）。マリオ、ユズ、アンズといった名前も個性的です。不思議なのは、これらの名前と個人のキャラクターが一致していると感じられることです。

ほかにも、藍、響、渉（あいひびきわたる）というように3人で一つの意味を持たせる名前や、陽和（はるわ）、和心（わこ）、心朗（こころう）のようにしりとりになっている名前もあります。

わが家の二人の娘は、夏月（なつき）と瑞月（みづき）と命名しました。月の神秘的な美しさを娘にと願い夫が月の字を、さらに私が娘への思いを込めて、長女には何もない大地に緑を茂らせる力の意で夏、次女には神から送られた宝物という意で瑞をそれぞれの名前に付けました。

以前、夫が患者さんと名前の話をした時、「先生のお子さんは月だけでしょ。私の子供には日と月両方あるわよ。欲張りだから」と言われたことがあるそうです（笑）。

庸子という私の名前は、祖父が決して偏らず、常に自分らしくあれと願い、四書の一つ中庸から一字を取り、付けてくれたものです。私は家族の愛情のこもった自分の名前が大好きです。ちなみに姓名判断上、○○子と付けると女性らしく育つそうです。

名前には両親の思い、考え方や多くの知識など込められています。だから夫はお子さんの名前の由来を聞くのが大好きというのです。そしてそのことは患者さんを深く知ることができる方法の一つなのだと夫は言います。夫からそんなすてきなことを聞いた日から、私も患者さんとの会話が一段と楽しくなりました。

今日から皆さんも名前の由来を患者さんに伺ってはいかがでしょうか？

（2011年5月10日付掲載）

ポーラー・ナイト

◆倉治ななえ

昨年の12月は、六度目の訪問となったフィンランドで、日本から参加した30人を超える歯科衛生士さんとともに、トゥルク大学で行われたむし歯予防研修に参加した。

全国から集まった歯科衛生士さんは、医院代表として、あるいは自分の勉強のため、また著名なフリーランスの衛生士さんありと立場や目的は違っても、本場の予防歯科に実際に触れて、肌で感じて帰りたいという熱い気持ちで共通していた。

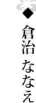

北緯60度の国の冬は、一日数時間しか太陽の光を見ることができない、それ以外は全て暗闇の「ポーラー・ナイト（北極の夜）」だ。暗く、寒く、長い夜はつらいでしょうねと、初めて訪れる人はおっかなびっくりだが、「フッ素タブレット」などを求めて街に繰り出せば、クリスマスを祝うオレンジ色のイルミネーションに浮かび上がる北欧の街並みの美しさに、誰もが我を忘れてうっとりとしてしまうのだ。

氷点下でも、あたたかく感じるライトの色を知っている人々は、長い夜に、静かに思索する人々でもある。フィンランド人は、世界でいちばん読書好きな国民なのだ。

生まれながらにして哲学するDNAを持っているのだろうか、トゥルク大学で予防歯科の講義を聞くたびに、むし歯予防とは人の生き方そのものなのだなあ、と感心する。むし歯を作るも作らないも、全てはそこに暮らす人々の心が決めるものだからだ。

必要なのは、最低限の道具と知識。目の前にある予防ツールを使うか使わないかを決めるのも、その人の心、すなわち「生き方」次第ということになる。それにしても日本では、最低限の道具が認可されていないので、衛生士さんたちはみな、不足な道具を現地で購入していた。

日本でむし歯予防が徹底されると、残存歯を多く抱えた高齢者が増え、ますます歯科医療の需要が高まるのだから、今年こそ予防薬剤を認可してもらい、現地で買い付けなくても、日本で普通にむし歯予防ができるようになるといいな、そうなって欲しいな。

そんなことを語り合いながら、フィンランドの夜は更けた。

（2005年1月11日付掲載）

ハイヒール再び

◆坂本　紗有見

歯科医師会でお世話になっている、一回り上の女性の先輩に一言注意をされたことがある。

「さかもっちゃん！　そんな踵のないぺったんこの靴ばっかり履いていて、おばさんみたいだよ！」

そういえば、一人目を妊娠した時から三人目の子育てまでの間、ハイヒールと言える靴を買ったことがなかった。妊婦に優しい靴、子育てに使いやすい靴ばかりを選んでいた。その間、脚はどんどん〝象さん〟のようになっていった。

何年ぶりだろう、ハイヒールを買ったのは。脚が攣《つ》りそうだった。翌日、股関節痛が起きたが、履き慣れると、歩いていて気持ちが良く、もうどこも痛くならない。

まつ毛のエクステンションにも挑戦した。恥ずかしいけれど、楽しくなった。

ネイルもしてみた。仕事人と母親の中の女性である私自身が生き返った。

「つるつるの肌になる」というキャッチフレーズにつられて永久脱毛にも行った。ワクワクした。

三度目の正直、矯正治療を始めた。アンチエイジングのため、今度こそ爪咬みの癖を直して、治療が終わった暁にはリテーナーを真面目に使おう！ そこにはどんな新しい私がいるのだろうか？

◆

矯正治療を希望される患者さんの主訴はさまざまです。銀座という立地条件も関係し、20〜50代の大人の方が8割、さらにその8割が女性です。

その主訴は、歯並びをきれいにしたい、プロフィルの改善、アンチエイジングのため、トータルビューティーを目指すといった美容的な要素に加えて、口腔内の環境改善、全身の健康、今後の人生のためにと健康面に関するものが多いのです。

「私、たばこやめました。高級ブランド品よりも高い治療費を出すのですもの、歯もきれいでありたいですから」「結婚準備のため、治療したいのです」「思いっきり、歯を出して笑いたいです」「子供のころから歯並びが悪いことを親からバカにされていました」

こんな心の患者さんが夢見るきれいな歯並びのために、自分自身も磨いて、患者さんと共に歩いていく毎日が幸せなのです。

（2008年10月7日付掲載）

◆鈴木 エリ

アメリカンドリーム

私の母はアメリカンドリームを体現させた人だ。医師の父と結婚した後に国際線のキャビンアテンダントを辞め、出産をし、そのまま子育てに邁進すると周りが思ったころ、突如として歯科大に入り直して歯科医師となった。父が田舎の実家の土地家屋を担保にいれて、私立の歯学部の学費を払っていたので、きっちり6年間で卒業し、今も現役バリバリで開業医をしている(学生時代に私の弟を出産した強者だ)。

ところで、アメリカンドリームとは何だろう。人種も、性別も、年齢も越えて、夢を実現できる、それがアメリカンドリームという言葉に集約されている気がする。

ベトナム戦争のボート難民からハーバードの医学部を経て医師になった姉の友人、バーテンダーのアルバイトをしながら家計を支えてレジデントを終えた私の同期、臨床検査技師から歯科医師になり、教授になった私の元ボス、身近に知っている人が努力を重ね、夢を追い続けて成し遂げている。

アメリカでも人種、性別、年齢の差別は目に見える形、見えない形でたくさんある。だからこそ、それらを跳ねのけて何かを達成する人がキラキラと光り輝いて見えるのかもしれない。アメリカンドリームという言葉は胸をワクワクさせる。

叩けばドアは開かれる、開かなかったら、叩き続けていればきっと誰かが声をかけてくれ、ドアを開ける手伝いをしてくれる。私が好きなアメリカの良い点は、頑張る人を応援してくれるところだ。

そして、自分の周りにいる人が自分と違うことをしようとした時、「まずはやってみたら?」と励ます、価値観に対する柔軟さ。よく考えると、自分が恥をかけば済むくらいの失敗なら、恥をかいてしまえばいいのだ。チャレンジしないで失敗しない人生より、たとえしくじったとしてもチャレンジして恥をかく方が面白い。

4月はすぐそこだ。満開の桜の下、春の始まりとともに自分の夢、周りの人の夢を追って新しい年度の始まりとしたい。

(2015年3月24日付掲載)

◆鈴木 千枝子

チャンスに後ろ髪はない

「千枝子先生、おはようございます」

朝6時、ぼーっとした頭と顔、トレーナー姿の私が近くの公民館で行われた町の胃がん検診に行った時のことです。「会計」と書かれた表示の向こうで、すんごくさわやかな青年がニコニコとあいさつしてくれたのです。

「えっと、どちらさんでしたっけ？」、「Iです」、「あー双子さんでテニス部だった。あれどっち？」、こんな口をきけるのも子供のころからの患者さんと気付いたからです。

「弟のTです。兄のKはもう結婚して埼玉にいます。子供も生まれたんですよ」、「まあそう！ じゃTさんももうお子さんとかいらっしゃるの？」、「いえいえ相手もいません」。

ピッカーン！ 早朝過ぎてまだ寝ていた私の脳みそがその一言でバッチリ目を覚ましました。そして検診料の千円を彼に渡しながら発した一言がこれです。

「うちの娘と合コンしませんか？」

娘より一つ年上の彼は父上が警察官のため転校があり、近所に住んでいながら、娘とは全く接点がありませんでした……、もとい全くではありません。後に分かったことですが、小4の時にうちの娘は双子の兄の方、K君にバレンタインのチョコを渡したことがあり、私はなんと娘に頼まれお宅まで付いて行ったそうなのです。私は全く覚えていませんでしたが、彼のご家族は全員知っていました（汗）。

私の爆弾発言から2週間後、今度は娘が子宮がん検診に行き、Tさんに会いました。帰宅後、連絡先を知りたいという娘のために、私が知り合いの彼の上司に連絡先を聞いたのです。母の愛です。パワハラではありません。それから7カ月後の昨年12月25日、二人は職場も実家も半径300メートル以内という地の利もあり、お互い忙しいなか毎日デートを重ね、めでたく入籍。現在は、わが家の2階が新居となり、娘はせっせと彼のお弁当を作っています。

「チャンスに後ろ髪はない！」。これを実践した母親を二人はきっと一生大事にしてくれると思います。末永くお幸せに。

（2014年5月13日付掲載）

白衣いろいろ

◆宝田 恭子

現在肛門外科に勤務する娘が、学生時代から友人とよく通っていたお店に行った時、そこのマスターから「仕事は毎日大変だろうけど、しっかり力をつけてあてにされる医者になってね」と励まされたそうです。

その時、傍らにいた女性客が「えーっ、お医者さんに見えない」と驚いたので、「まだ、出たてのホヤホヤですから」と、返したと話してくれました。

私は歯科医師になってから50歳の今日まで貫禄がないせいでしょうか、白衣を着用していないと、ほぼ１００％歯科医師に見られたことはありません。娘にそんなことを話すうち、白衣についていろいろ思い出しました。

最近では、白衣を私服に近いようなおしゃれな装いに変えていく歯科医院があります。親近感があり、恐怖感も和らぐとの新しい発想で、良い考えだとも思いますが、私の場合は、そうしたイメージチェンジをすることで、かえって患者さんとの距離が離れてしまうように思うので、白衣のままデザインや色のやさしいものを選ぶようにしています。

55歳で他界した私の父は、中年以降おなかが出てきて貫禄十分になり、患者さんへの威圧感を抑えるために白衣の色やデザインを気にして、オリジナルのものを何点か作製していました。

ご近所に白衣専門店があったため、熱心に布地選びから始め、ある日少し変わったストライプの白衣ができ上がりました。

父はそれを大変気に入ったらしく、身に着けると早速「清潔感があり、なかなか好男子な歯科医に見えるだろう」と鏡の前で何度も気取ってポーズを取っていました。

数日後、隣の床屋さんのご主人が来院し、その新調した白衣姿を見て、「そのままうちで働いていただけそうな白衣ですね」と言われ、父は豪快に笑い飛ばしていました。

私にはその時の父の気持ちはいまだに分かりませんが、主人が白衣を作る時には、そんな父の経験を活かして、「シンプルが一番いい」とアドバイスしています。

（2006年5月30日付掲載）

◆天井久代

恐い先生

常夏のハワイから昨日帰ってまいりました。夏女の季節が終わり、そろそろ仕事モードに戻らなければなりません……。

近ごろよく「優しい先生」「優しい治療」と言われますが、思うに患者さんの「いいなり先生」「いいなり治療」になってしまっている方がいらっしゃるような気がいたします。

半年ほど前に他院で全顎ブリッジにしていただいたという患者さんが、顔を半分腫らして来院されました。レントゲンには、そのずーっと以前から抜かなければいけなかったであろう歯が3本あります。

「どうして抜かなかったのですか?」「私が抜かないでとお願いしたのです」「その他の選択肢は示されませんでしたか?」「インプラントしかないと言われたのですが、恐いので断りました」「義歯については?」「私がいやだと言いました」「?・?・?……」

確かに歯を抜くか抜かないかは一大事ではあります。しかし、診断と決定権は歯科医にあるはずなのに、最近は患者さんが自分で診断し、決定するようです。

昔、恩師の河邊清治先生が、時々、ため息をつきながら言われていたことがあります。

「最も難しい治療は抜かなければならない歯の説明をすることであり、最も難しい症例は気難しくてわがままな患者さんである」

私はいつも本音で患者さんに接しています。ところがそれが度を越しているようで、「あそこは腕は良いけど、恐い女の先生がいる」と言われているようです。

しかし「恐いもの見たさ」で来られる患者さんも増えています。私はそのような方には自信たっぷりにこう答えます。

「人間は、特に日本人は、あいまいな答えが大好きで、本当のことをはっきり言われるのが嫌いな民族なのです。特に良くないことはなおさらです。ですから、良かれ、悪かれ、本当のことしか言わない私を恐いと思われるのは仕方ありませんね……。ところで、都合のよいことだけを説明いたしましょうか？　それとも本音トーク？　どちらにいたしましょう？」

ライオンヘアに、日焼けで真っ黒になった顔に笑顔をつくりながら、こんな言い方で仕事をしている私は、やっぱり本当に「恐い先生」なのかも知れません。

（２００６年9月12日付掲載）

国試の悪夢

◆中島 潤子

歯科医師になるために、誰もが受けなければならない歯科医師国家試験（国試）が、今年も1月31日、2月1日に行われ、3月18日に合格発表があった。

私が受験したころは国試は3月に行われていて、東京の会場で受験したので試験が終わり外に出た時に桜が咲いていたのを覚えている。

昨年、久しぶりに開かれた大学の同期会で国試の話題が出た。国試は年に一回。どんなに勉強し準備して臨んでも、どんな問題が出るか分からないし、当日の体調、精神状態で一生が左右されるかと思うと、誰もが緊張してしまう試験だろう。そのためか皆、国試に合格してからも時々その夢を見るそうだ。

「問題が一問も解けずに時間だけが過ぎてゆく。周りの人は終わっているのに自分だけがまだ終わらない。焦りに焦って、ああ！と声を上げて目が覚める」

「朝起きるのが苦手なので、国試の日にも寝坊し遅刻してしまう夢を見て、慌てて飛び起きる」

「国試に合格したはずなのに、なぜかもう一度受けろと言われ、予備校に行くも、周りは皆、自分より若い子たちばかりで気後れし、仕方なく家に帰る」などなど、人によって見る夢にさまざまなバリエーションがあるようだ。

この話をたまたま友人の内科医の奥さまにしたところ「うちの主人も今でも国試の夢を見るって言ってますよ。医師会の理事の先生方も見るようですよ」とのこと。彼女のご主人は50代で、理事の先生方も同年代。国試の夢を見るのは何も歯科医師だけではないようだ。

かく言う私も、今までに3回ほど国試の夢を見たことがある。そんな時は決まって、試験のプレッシャーに焦って目が覚めた後に「ああ、もう歯科医師になっているんだ」とホッと胸をなでおろして、一安心する。

国試は懐かしい思い出といえども、その夢は、たいていの場合、続きが見たくなるような心地よいものではなく、寝覚めが悪いもの。しかし、このように時々、国試の夢を見て、あの受験したころの緊張感、真剣さを思い出し、また初心に戻って仕事をするのも悪くないのかもしれない。

（2015年4月7日付掲載）

朝のセレモニー

◆七沢久子

診療が始まる前、静かな医院の玄関に水をまき、庭を掃き清める。これが私の毎朝の日課です。

「今日もみんなが健康で働けますように」「患者さまの痛みがとれ、元気になって帰られますように」と願いながら、掃除をしていると、すがすがしい気分になります。ホースから勢いよくあふれ出す水が、朝の光の中に虹の架け橋となって見える時は、うれしくて子供のように歓声を上げてしまいます。

医院の前を通って出勤する方や、犬を連れて散歩する奥さまとも顔なじみで、ちょっとした一言ですが、会話するのもとても心地よいひとときです。

掃除を済ますと、次はお花の世話をします。華道も私の趣味の一つで、週に一度はお花を生けています。剣山を使うと、投げ入れとはひと味違う、きりっとした輝きを花たちが見せてくれます。玄関にはよく大輪のユリ、カサブランカを生けます。このユリはつぼみの一つ一つが必ず開く、生命力あふれる花なのです。

診療室の出窓にもさまざまな花を飾ります。生け花に目をとめる患者さまは思いのほか多く、「この花はどなたが生けるのですか」とよく聞かれます。そんな会話から患者さまの気持ちが和み、診療がスムーズにいくこともあります。また、診療に疲れた時など、花を見ると私の心もゆったりするのが分かります。

そんな、私のパートナーともいえる愛らしい花たちの世話も毎朝の楽しみです。冬の朝の空気の中で凛とした表情を見せる花たちに、「今日もきれいに咲いて皆さんを喜ばせてあげて」と語りかけ、水替えをすると、不思議なくらい花が長持ちしてくれます。

花の世話の後、ユニットを一台一台点検し、「今日もよろしく」と話しかけます。そして、白衣に着替え、新しい一日をスタートします。

こんな小さな「朝のセレモニー」が私を支え、活力を与えてくれているのです。

（2010年12月7日付掲載）

◆根本 京子

えっ、本当!?

えっ、本当!? 第３子を授かったという喜びとは裏腹に、すぐに心の中は不安でいっぱいになりました。

開業してもうすぐ３年。勤務医の時のように、産休や育児休暇をしっかり取るわけにはいきません。ど、どうしよう?

一人っ子の夫は「おー、良かった良かった! 兄弟が増えるのはうれしいねえ」と超マイペース。夫には悪いけれど、今までの２人の子育てであまり当てにならないことを私は学習しているので、いつまでも悩んでいるヒマはありませんでした。

「私の代わりはいない!」「とにかく頑張るしかない!」と心に決めました。それからは、おなかが患者さんの頭に突っかかろうが、私より先に患者さんから「先生、お大事に」って言われようが気にせず、代診の先生に助けてもらいながらなんとか診療を続けました。そして無事、昨年の12月、予定日より１週間遅れて元気な男の子を出産しました。ふうっ。

あとは、保育園の手続きをしっかりしておかないと。

そんなバタバタのわが家は長男に言わせれば「うちは波平抜きのサザエさん一家」。実際とは家族構成が異なりますが、フネさんが義母さんでマスオさんが夫、サザエさんが私でカツオが長男、ワカメが長女でタラちゃんが次男。ついでにタマが犬のユメで、確かに年齢的に似ていて、キャストはバッチリそろっております。ああ、これからどうなることやら。

これからの1年、長男の中学受験も控えながらのどっぷり子育て奮闘記になってしまうかもしれませんが、同じ開業医で3人の子供を育てた先輩からいただいた「大丈夫。大変だけど、その分楽しさ3倍よ！」の言葉を信じて、毎日を充実させていきたいと思っております。

合わせて湘南のいろいろな情報も発信していきたいと思いますので、どうぞよろしくお願いいします。

（2010年4月20日付掲載）

細菌学者の父と野口博士

◆萩原 洋子

第一回掲載後、各方面の知り合いや懐かしい方々からお電話やお手紙をいただきました。本当にうれしく、感激するとともに、気を引き締めて頑張らねばと思いました。前置きが少々長くなりましたが、私が最近知って、「ああ、そうだったんだ」という話をいたしましょう（もしかして、私だけが無知だったりして……）。

私の父は細菌学者でした。明治32年生まれで、とても頑固な人でした。父の生まれ育った生家は、福島の片田舎の小さな町で、薬店を営んでいました。13人兄弟の12番目で、兄、姉にゲンコツをもらって育ったため、小さい時から、大きくなったら絶対負けるものかと思っていたそうです。

兄弟が多い時代の12番目。親から過保護にされるはずもなく、小学校を卒業するとすぐに親元を離れ、町（会津若松）の中学校に進学しました。卒業後何になろうと考えていた矢先、15年ぶりにアメリカから帰国、母シカさんのもとに帰省した野口英世博士が真っ赤なひざ掛けをして人力車に乗り、颯爽と会津若松の町を通っていく姿を目にして、「将来は細菌学者になろうと決心した」と小さいころ何度も聞かされました（そんなことで将来を決めるなんて、わが親ながら相当安易ですよね……）。

しかし末は博士か大臣かの時代ですから、小さな町の学生にとっては、〝Boys, be ambitious!〟で特別変わったことではなかったのかもしれません。そのようなことから、私の愛読書、偉人伝の中では野口博士が一番親しみのある方になりました。

博士は非常に努力家で、残されたエピソードも数多くありますが、特に血脇守之助先生（東京歯科大学の創立者）には大変かわいがられた反面、経済的には多大なご負担、ご迷惑をかけたと聞き及んでいます。しかし学問研究面では、スピロヘターパリーダを検出、発見、オロヤ病原体、トラコーマ病原体の発見、博士の命を奪う原因となった黄熱病病原体の解明と数えればきりのないほどのご活躍でした。私が感激したのは、博士が歯科界に全く関係ないわけではないということです。歯科の診断や治療にX線を使うということで、〝Dental Review Vol.XI,No.1, Jan.1897〟の論文を抄録して、明治30年（1897年）3月発行の『歯科医学叢談　第7号』に〝湖柳生〟というペンネームで発表しています。「るょんどげんX光線ヲ應用シテ缺生歯ヲ發見セシ一例」という表題です。上顎中切歯に異常な動揺のある患者をX線検査したところ、犬歯の迷没により、上顎中切歯の根吸収が起こり、それが動揺の原因であったという内容のものでした。日本では、X線の歯科臨床への利用の初めての報告だと言われています。今から百十年も前のことです。偉大な先人の業績を礎に、歯科医師としてより精進しなければと思う今日このごろです。

（2007年5月29日付掲載）

女性が仕事をするということ

◆濱　昌代

父が教師、母が公務員という共働き家庭に育った私は、結婚し子供を持っても仕事をするのは当たり前だと思っていた。

大学卒業後、母校・徳島大学歯学部補綴学第2講座に入局した。独身の一人暮らしもあって時間を気にすることなく、男性と同様、夜中まで仕事をすることが多かった。

結婚し、主人の仕事の関係で岐阜に引っ越した。勤務しようと面接を受けた際「子供は欲しいの？　妊娠する可能性のある人を雇うのは難しいな」と言われたことがあった。

出産後、仕事に復帰しようと面接を受けた際には「小さな子供を抱えて、どうしてそんなに働きたいの？　借金でも抱えているの？」と聞かれたこともあった。

仕事を辞めて子供と2人で家にこもっていると、社会から取り残され、歯科界からもどんどん遠ざかってしまうような、不安と焦りがあった。だから早く仕事に復帰したかったのだが……。

女性が仕事をするということは、どういうことなのだろう？

主人が会社員だと言うと「ご主人のお給料でやっていけるだろうに、なんで働くの？」とよく言われる。ちなみに主人は「奥さんが歯医者なら、別に仕事しなくてもいいんじゃないの？」と言われるらしい。

そういえば昔、主人にも「男は家族のために仕事をするけれど、女は自分のために仕事をする」と言われたことがあったっけ。女が仕事をするのって、「道楽」ってこと？

確かに「家族を養っている」という感覚はあまりない。でも、自分のためだけに仕事をしているつもりもない。やはり「家族のためにも仕事をしている」と思いたい。

「なぜ仕事をするのか」と問われた時、ありきたりだが「誰かの役に立ちたいから」と答えるかな。自分のやることで周りの人から「ありがとう」と言ってもらえるとうれしい。そしてそこに自分の居場所を見つけ、やりがいや生きがいを見いだす。家族の理解と協力を得て、家事や育児をやりくりして仕事を続けたいと思う。

さて、あなたはなぜ仕事をしているのですか？


（２０１１年５月31日付掲載）

〝笑顔〟で矯正ライフ

◆平賀 順子

札幌から約100キロメートル北上したところに、日本一のひまわりの作付面積を誇る「ひまわりのまち」、北竜町があります。7月から8月にかけて「ひまわりまつり」が開かれ、多くの観光客が訪れます。

そのひまわり畑の中で、両手でピースをした「向日葵に負けない笑顔（写真のタイトル）」の矯正歯科治療中の患者さんの写真が、第1回ブレーススマイルコンテストの最優秀賞に輝きました。

ブレーススマイルコンテストとは、日本臨床矯正歯科医会が主催する、矯正歯科装置（ブレース）を装着した患者さんの笑顔の写真のコンテストです。矯正歯科治療中の方がより前向きに治療に取り組んでいただくことを目的に実施しているもので、今年で第5回を迎えました。

例年、8月8日の「歯並びの日」前後に募集し、11月8日の「いい歯の日」前後に表彰式を行っています。今年は「とびっきりの笑顔」というテーマで既に作品の募集が始まり、受賞パーティがディズニーアンバサダーホテルで行われることに決まりました。

私は矯正歯科医会の広報委員としてこのコンテストに関わらせていただいています。そして、全国から寄せられる患者さんたちの写真を心待ちにしています。

というのは、笑顔はそれだけで見ている方も幸せにしてくれますが、そこに私たち矯正歯科医の仕事の足跡が見られることに感激を覚えるからです。

矯正歯科装置を付けているのを恥ずかしがって、手で口元を隠すとか、写真に写る時は口を閉じてしまうなどという後ろ向きの姿勢ではなく、長い人生の中でブレースを付けているのはせいぜい2、3年、それであれば記念写真でも撮ってコンテストに応募して、賞品や賞金を当ててみよう！と、矯正ライフを楽しんでいただければと願っています。

周りに矯正歯科治療中の方がいらっしゃったら、ぜひ、このコンテストのことをご紹介ください。詳しくはホームページをご覧ください。http://www.orthod.or.jp/

（2009年7月14日付掲載）

◆山口 里恵

3歳の孫のひと言

「ばあちゃん、ばあちゃん！」。毎朝の起床の合図である。焦って暖かい布団を抜け出し、着替えもそそこに孫の部屋に駆けつける。

ある日突然、娘が「歯科衛生士になるぞ発言」をしたことで、娘夫婦との同居が実現した。あれからもう3年。娘は今年晴れて歯科衛生士になる予定で、4月からは別居することも決定。孫と朝ごはんを食べながら、この激動の3年を思い起こす。

朝、孫を起こし、着替えとご飯を済ませ、保育園に送り、その足で仕事に向かう。仕事が終わると孫を迎えに行き、家に帰って食事作り、洗濯、掃除の全てをこなしている。「この年でよく頑張っている」と自分を褒めなければやっていられない。

いろいろあった中でも、忘れられない出来事は、なんといっても東日本大震災だ。地がねじれるように動き、立っていることさえ大変だったあの日。

日ごろから「いざとなった時のために」が口癖で、「いざという時っていつよ」と娘に言われ続けてきた私にとって、神奈川県歯科医師会救急医療委員会に属している以上、それはまさにいざという時だったのだ。

翌日、委員会が緊急集合され日本歯科医師会の要請に従い、ご遺体の身元確認のための出動準備にかかった。女性であるという理由で、初期の出動はできず、7月に出動許可が出た。

まだ3歳になったばかりの孫に「亡くなった人のお口の中、調べに行こうかなと悩んでいるんだ」と言うと、小さな孫は「ばあちゃん、行ってあげて。ここで決めなきゃ女がすたる！」とどこで覚えてきたのか、そんな言葉を発した。

背中を押された気分で全国唯一の女性開業医として7月15日から20日まで宮城に出動した。次女を幼くして亡くしている私にとって、肉親を亡くす悲しみは痛いほど分かる。少しでも多くの方々の身元が分かり、ご家族の元に戻れるように、歯牙データをとった。生前死後のデンタルチャート照合も行った。

天変地異を避けることはできないが、これ以上の悲劇が起こらないことを祈り、身元不明の方がいなくなることを願っている。

（2013年4月2日付掲載）

古美術の真贋

◆山本 由美子

毎日ドタバタで仕事に明け暮れる私は美術品とはまったく縁遠いのですが、そういったものを鑑定するテレビ番組は好きで、毎回欠かさず見ています。

独学で本物と信じて大金をはたいて手に入れた美術品が土産物まがいのトンでもない安物だったり、そこらへんに転がしておいた水差しが実は由緒正しき銘品だったりで、良くも悪くも、その〝お宝〟に化かされる人間自体が面白い！なんて言ったら、悪趣味と思われるでしょう……。

今から二十数年前のことです。友人が先代から相続した巻物が「ひょっとしたら明治時代のある高名な画家の作品では？」ということで、著名な機関で鑑定を受けたところ、「紛れもない本物」しかも「希少な作品」と騒がれ、新聞にも取り上げられました。

本人、家族はもちろんのこと、私たち周囲の人間も目を白黒、「そんなお宝、見たことない！」と大勢でお邪魔して、拝ませてもらいました。

本物の気迫というか、魂は「すごい」の一言で、先代は良い物を残してくれた、うらやましいなどと、床の間の前でお茶をいただきながら、お宝を堪能して帰りました。

その後、さる有名な美術館から貸し出しの要請があり、管理の問題などから館での保管をお願いしたと聞いて、「もうガラス越しでなければ、お会いできないのか……」とがっかりしたものです。

ところが、テレビの影響は恐ろしいもので、最近になって突然その友人から「いくらぐらいするのか査定してもらうから、同行して」と頼まれ、画商の鑑定人を連れて美術館に赴きました。

静まり返った地下室に恭しく安置された名実ともに大家の作品に一礼の後、真白な手袋をはめ、口と鼻を押さえ木箱や巻物の筆跡、筆致などを天眼鏡でじっくり見渡す鑑定作業は息も殺すほどの緊張感。友人が美術館の学芸員に呼ばれて話を聞くと言うので、そこで別れて帰宅しました。

しかし妙なことにその日以降、例の巻物の話は一切話題に上らず、ついに焦れて私の方から聞いたところ、画商の査定は目を剥くほどの高額。一方、学芸員には鑑定技術の向上で、本物ではなく贋作と判明したから引き取ってくれと言われたそうです。

こうなったら真贋のほどは、天国にいる画家本人に聞くしかありません……。

この世に人の心を惑わす化け物がいるとすれば、それは古美術かもしれません。

（２００７年11月13日付掲載）

◆内田 ゆき子

忘れ物にご注意！

「ウエルカム バック ツー シンガポール……」、後は何と言っているのかさっぱり分からない。ホテルに到着すると、フロアマネジャーとゲストリレーションが満面の笑みで迎えてくれた。次男が横で、「お父さんのお友達？」と小声で聞いてきた。「お父さんのお仕事の友達みたいよ」と適当に答えておいた。

主人は、よく海外に出張するが、私は一年ぶりの海外旅行である。シンガポールといえば、お食事にお買い物に観光と、出発の前からワクワクしていた。

主人と次男は買い物には行かないと言うので、一人で買い物へ行くことにする。どのお店にもすてきなお洋服や靴にかばんと、目移りしてしまう。たまたま入ったジュゼッペザノッティのお店で私にピッタリサイズのハイヒールが見つかった。しかも、とあるカードで支払うと35％オフにするよとお店の人がこっそり語りかけてきた。「これは買うしかない！」とお調子者の私は、迷うことなく購入した。

その後、一人ニコニコしながら、途中、カフェでお茶を楽しむ。最近始めたＦａｃｅｂｏｏｋに写真をアップして超ご機嫌である。オーチャードロードのショッピングを満喫しながら、とあるお店でふと気がついた。「私のジュゼッペザノッテイがない!! 先ほど一人でお茶をしたお店のいすに置いてきたの!?」。

頭の中は真っ白になり、炎天下の道を全力で走った。これほどアドレナリンが出たのは、診療でも久しくなかった。５分後にお店に到着すると、いすの上にあるじを待つ買い物袋がちょこんと残っていた。「あー良かった！」と一安心してホテルへ帰った。ホテルでは、主人と次男が夏休みの宿題をしていた。うーん、何て平和な光景！

さて、今回の旅行に登場しなかった高一の長男、そう何を隠そう、一番の忘れ物は「長男」なのだ。当家の旅行は、旅行会社を通さない主人の個人手配である。出発の２日前に長男のパスポートが切れていることに気づき、お留守番となった。皆さん、パスポートの有効期限に注意しましょう！

（２０１２年９月25日付掲載）

◆大河内 淑子

どうしてもやめられない

「あなたは医師や看護師に、ウソをついたことがありますか」という調査を見ると、男性の5人に1人、女性の3人に1人がウソをついたことがあると回答していた。

ウソをついた理由が「遠慮」、「喜ばせたい」、「恥ずかしい」、「回答が面倒」など心理的な背景もあるようだが、「薬代が負担で……」、「保険適用にしたい」、「早く治療を終わらせたい」など、現実的なものも多い。

臨床をやっているとウソはだいたい察することはできるが、小さなウソは見逃すこともある。

ある日のこと、

「先生、おれ、先生にウソついてた」

「?」

「もうとっくにやめたって言ってたけど、実はこないだまで、やってた……」

「何を??」

「……シャブ」

「は？」

「だから、シャブやってた」

「？？？」

「ずっとやめられなかったんだけど、やっとやめられたんだ。先生にはやめたってウソついてた。ごめん、ウソついてて」

怪しい患者さんとの会話ではない。真剣な顔の7歳の男の子との会話だ。

「シャブって何？」と私が聞くと、おまえは話を聞いていなかったのかという感じで、

「はあ？　シャブっていったら指シャブでしょ！」とため息をつかれた。

「ああ!!　シャブって指しゃぶりのことね!!」と、ようやく理解した私は思わず声を上げて笑ってしまった。

「良かったね、指シャブやめられて。どっちもやめられないのは一緒だもんね。これで歯並びが良くなってくるよ」

指シャブという言葉は教育上どうなのかしらと考えながらも笑う私を横目に、男の子は重要な告白を終えてスッキリとした顔を見せてくれた。

小さな患者さんの小さなウソを見抜けなかったが、勇気を持って告白してくれた子供のかわいらしさと素直さに全てを許してしまうこともある。

これだから、小児の臨床は楽しくて、やめられない。


（2014年9月9日付掲載）

尊敬する先生

◆佐野 サヤカ

息子は低出生体重児で生まれてきた。出産後は2カ月、保育器に入っていて、なかなか退院できなかった。小学3年生になった今でも、クラスでトップを争う背の低さ。しかも細い。幼稚園のころは、喘息もひどく、鼻を垂らして、咳をして、呼吸のたびにみぞおちがぺこぺこへこんでいた。陥没呼吸というらしい。

そんな時頼りになるのは、近所の小児科、木村先生だ。主人も子供のころから通っている木村小児科は、週に5日午前の診療と午後は2日しか開いていないのだが、いつも混んでいないし、あまり待つ必要がない。診断は的確で、信頼のあるお薬しか使わない。そして一番助かることは、診療時間外でも、快く見ていただけるということだ。

午前に具合が悪いと、苦しかったら診療していない午後もおいでと言ってくれる。何度か、娘のひじの関節が外れ困った夜も治していただいた。

一度木村先生が旅行に行かれている時に、また関節が外れ、別の整形外科に行ったところ、レントゲンを撮るという。そして、妊娠している私に、一緒に中に入って子供を抑えているようにという指示が出された。木村先生なら、一度触わるだけで治ってしまうのに。結局、レントゲンも撮らず、様子を見ているうちに治ったのだが、この件で、私はますます、木村先生を尊敬するようになった。

そんなある日、木村先生からお手紙が来た。「今まで頑張って診療してきたが、そろそろ引退させてもらいたい」、確かそんな内容だったと思うが、閉院を決められたのだ。あいさつがてら、診察を受けに行ったら、ご丁寧に息子の治療経過報告書も用意してくれていた。

最新の機器をそろえなくても、耳に補聴器が入っていたって、それに勝る経験がある。そして、患者を感動させることができる。

木村小児科が閉院してから、数年がたつ。おかげさまで息子は喘息が改善しつつあり、発作は起きなくなった。私たちは、かつての木村小児科の前を通るたびに、懐かしがり、感謝をし、あらためて自分たちを考える。

（2012年2月28日付掲載）

女子大生亡国論はいずこへ？

◆森　榮

今は昔、私が高校生時代のことです。マスコミが盛んに「女子大生は不要。卒後、社会に貢献しないのだから」と吹聴し、ある日の授業で、男子と女子の舌戦が繰り広げられたことがありました。

内心、一理あるとは思ったものの、男子には言われたくないとばかりに、「たとえ就職しないで結婚したとしても、大学で学んだことは家庭や育児に十分反映できる」と反論したのを覚えています。

当時20％ほどであった女子の大学進学率が四十数年を経た現在、50％近くになりましたし、手に職を持つということで、各種専門学校への進学を加味すればこの数値はもっともっと大きくなります。

さらに、こうした時代を反映するように、働く主婦も50％を超えているとのことです。「日本がもうすぐ亡びる」と言う評論家もいらっしゃいますが、それは決して女子のせいではないようです。

さて、歯学部も女子学生の占める割合がほぼ半数となりました。昨今の歯科医師過剰による定年制あるいは歯学部定員削減の話から見れば、幸い（？）

なことに女子学生はどうやら０・５人に数えられているようです。「半人前」と言われると腹が立つ話ですが、カウントの仕方については、歯科界が丸く収まる好現象（？）でもあるようです。

かくいう私は、「むし歯の洪水時代」に遭遇し、免許取得以来、馬車馬のごとく働いてきましたが、還暦をもって院長の座を後継者に譲り、現在は確かに「半人前」の仕事を楽しんでやっています。

もう診療に反映できるかどうか疑わしいにもかかわらず、それ学会だ、研修会だと、友人たちと会える楽しみとその土地のおいしいものを求めての参加。経費だけは院長以上に使っているようです。

歯科のいわゆるいい時代を過ごしてきた女子大生のなれの果て、このおばさんが国、いや自分の歯科医院を滅ぼすようなことにならなければいいのですが！

（２００８年４月15日付掲載）

護身術

◆井川 雅子

医師が患者に襲われて大けがをするという事件が時々起こる。病院は不特定多数の人間が集まるリスキーな場所で、筆者自身も2回、暴力的な患者に遭遇した。

最初は若い青年で、幻覚や妄想が主訴であるにもかかわらず、母親が「顎関節症のせいだ」として連れてきた。

顎関節症の症状ではないと丁寧に説明し、遠回しな言い方で精神科の受診を勧めたところ、青年が激怒し、非常に危険な状態に陥った。が、次の瞬間、彼は身を翻し、疾風のように診察室を飛び出して行った。残された母親は悄然とし、「すでに『統合失調症』の診断はついているが、親子でその診断を受け入れられず、『顎関節症』と言ってほしくて受診した」と告白した。

振り返ると、最もアブナイ瞬間、電話の横にいた歯科衛生士は足がすくんで動けず、また警備員を呼んだとしても、とても間に合う状態ではなかった。

二度目は父の歯科医院で、アル中患者が暴れた時だった。夕方、最後の患者を診ている時に、義歯が合わないので修理してくれと、突然入って来た。

一見して泥酔状態なので、予約を取って後日来るように話したら、今すぐやれと暴れだし、待合室の壁を蹴って大声でののしりだした。おびえている患者を帰らせ、110番通報をしたが、これがまた思っていたほど迅速ではない。

電話口の係官は「何歳くらいですか？　刃物を持ってますか？」などの質問を繰り返した揚げ句、「生年月日、分かりますか？」とのたまう始末で、絶句した。「刃物は持っていない」と答えたのが悪かったに違いない。

「とにかく早く来てください！」と言って、診察室と待合室の間のドアを施錠して閉じ込め、待つこと15分。屈強な大男の警官二人が到着した。ドア越しに「またおまえか！」という声がして、アル中男は部屋からつまみ出され、「家まで送ってくよ」とパトカーに乗せられていった。

「警察も警備員も、思ったより速く来ない……」

このことを学習してから、空手を習い始めて、はや10年。「蟷螂《とうろう》の斧」かもしれないが、今も週2回は稽古に通っている。

（2014年10月28日付掲載）

◆伊藤 智加

母からの学び

5月の「母の日」には、誰もがあらためて母親を思うのではないでしょうか。

私の母は明るくとてもユニークで、あきれるほどお人よしな女性です。争ったり、陰口を言ったり、意地悪などはもってのほか、人が悲しむことは大嫌いです。もちろん、そのような性格の持ち主ですから誰とでも仲良くでき、「世界中が皆友達」なので敵もそういません。特に何かをされても「仕返し」などは考えないようです。しかし、私が反抗したりすると「必ず天罰が下るから！」とひと言。そしてその言葉の通りに机の角に足を打ったりして、とても痛い思いをすることが多々あります。小さな時はそんなことがあると「本当に神様が見ているんだ～」と思ったものです。

母はまた、全てにおいてとにかくアバウトです。玉ねぎのみじん切りは一辺が1センチ近くあり、切ったはずのキュウリはつながっています。それを指摘された時はいつも笑顔で、「歯があるのだから噛めば大丈夫！」、「おなかに入ればみんな同じ！」、「アバウトな感じで！」と平然と言ってのけます。

そんな母ですが、「おはよう」から「おやすみ」までのあいさつ、「ありがとう」、「ごめんなさい」の言葉にはとても厳しいです。いまだに「声が小さい！」と小言を言われます。

かつて私が医局に入局したてのころ、恩師から「病院内ですれ違った時には誰にでもあいさつをしなさい。その時にあいさつを返してもらえなくても、相手はあなたがあいさつをしたのをちゃんと分かっています」と言われたことがあります。その時はあまりピンときませんでしたが、今ではその言葉の持つ意味がよく分かるようになりました。相手が学生でも、ドクターでも、あいさつをしてくれた人、または会釈だけでもしてくれた人は必ず心に残るものです。

全てはあいさつに始まり、あいさつに終わる。それがコミュニケーションの始まりであり、現代社会に欠けているところではないでしょうか。それは自分を守り、そして助けてくれます。簡単ですが、とても大切なことです。私はそれを〝アバウトな母〟から学びました。

（2015年5月19日付掲載）

◆熊谷 章子

アンチエイジングな人たち

日本抗加齢医学会会員である私は、定期的に講習会に参加している。今日もそのために盛岡からはるばる東京に来ている。

入会のきっかけは、ヒトなら誰にでも平等に起こる生理的加齢変化について研究し、法科学的な身元不明死体の個人識別に活かすためであるが、これは学会側の本来の意図に反しているかもしれない。それに抗加齢医学が発展すると、私の研究結果が覆される懸念もある。

講習会の参加者は、半数弱が女性だろうか、みんなおしゃれですてきである。その他の男性も、ギトギトせず、こざっぱりした方たちが多い。私の不純（？）な動機と違って、学んだことを自分にはもちろん、臨床に活かすことを目的としているのであろう。

患者教育の技術も重要となる抗加齢医学だが、その教育者が心身ともに抗加齢に対する意識がないと、口先だけの言葉になり、患者さんにも伝わらない。入会当初は気にしていなかったが、この講習会に参加していると自然と背筋がスッと伸びる。最近は私自身の抗加齢意識にも役立っていると（自分では）思う。

「アンチエイジング」は、今やテレビや雑誌等でよく使われる言葉だが、それを「若返り」と解釈する方も多いのでは。しかし、みんな若返ったら不気味である。

学問としては健やかな老いがテーマであり、あらゆる方面での研究で、カロリー制限と運動療法の効果が明確となっている。

数年前に主人も健康のためにウオーキングを始め、今や１００キロマラソンを完走するまでにエスカレートした。果たしてこれが体にいいのか、という疑問もあるが、何も始めないでいたら、「どういう今」になっていただろう。私も含めて、主人の周りにはランナーが増え、マラソンレースにはチームでよく出場するようになった。

ちょっと前までポッチャリ体形だったメンバーの体がギュッと引き締まって、どんどんタイムを縮めてゆく。もしやこれは「若返り」なのか。負けてはいられない。さぁ、今日も帰ったら走りますか。

（２０１３年11月５日付掲載）

照会状は4コマ漫画

◆野口いづみ

歯科治療を受ける患者さんがどのような全身的な病気を持っているか把握することは重要なことです。私は学生実習で問診実習を担当しています。これは、高血圧症や心疾患などのある患者さんに、全身管理の立場から、どのように歯科治療を行うか考えさせるプログラムです。その中で特にウエートを置いているのが、内科の主治医への問い合わせをする、つまり、照会状を書くというトレーニングです。

強調している点は、「簡潔」ということです。そのために、「4コマ漫画のマネをせよ」と教えています。4コマ漫画は起承転結からなりますが、照会状は、まず、自分の立場の説明から入ります。『起』「○○様がこのようなことで当院へ来院されました」。だから、『承』「かくかくしかじかな治療をしたい」と続けます。ここから、相手方へ切り込んでいく、つまり主客を『転』じます。「○○さまは△×（例：高血圧症）のために貴院に通院加療中とうかがいました」。最後がとどめ、つまり、『結』論です。「現在の病状、内服薬などについてお教え下さい」という流れになります。『転』で改行すると、

「あなたの番です」という感じが出て分かりやすくなるでしょう。

昨今の学生は文章というと、携帯メールを書くことくらいしかしないらしく、教えることは厄介を極めます。文頭の1文字送りを教えるのはほぼ諦めました。中には、「カイギョウって、何ですか?」、「キインって、何ですか?」という学生や、「この患者は」など、患者さんを物扱いする猛者もいます。

それでも、指導（実際は罵声？）の限りを尽くし、3、4通を書かせると、劣等生でもそれなりにサマになった照会状を書くようになるものです。耐えがたきを耐えた短気な指導講師も留飲を下げることになります。

照会状はパターンを決めてPCに入れ、個別の症例に応じて少しだけ文章を付け加えればでき上がります。いったん作っておけば、使い回しができるし、難しいものではないでしょう。

私の知人の歯科医院では、照会状をこまめに近医に書き送っていたところ、近医と患者さんから信頼されるようになり、紹介されて来院される患者さんが増えたということです。照会状は患者さんの減少対策の救世主になるかもしれません。しかし、その照会状の書き方がまずく、逆に患者さんを遠ざけてしまうことにならないように……。たかが照会状、されど照会状です。

（2007年1月23日付掲載）

日中歯科医学大会を思う

◆方　一如

　私が来日してから25年間の日本と中国との歯科交流の歴史をみますと、１９８９年に日中医学協会の仲介により、日本歯科医学会が砂田今男会長を団長として訪中したことに始まります。

　この時、訪中団は中華医学会、口腔科学会と協議を行い、その後の両国学会の密接な交流の礎を構築しました。

　92年には、日中国交回復20周年を記念して「日中医学大会１９９２」が北京市で開催され、日本歯科医学会は傘下の14専門分科会から１６０人の方々が参加されました。

　96年11月には中華口腔医学会が中華医学会から発展的に独立しました。日本歯科医学会はこれを機に、日中の交流、連携を強めるべく「日中歯科医学大会１９９９」を北京市で開催し、日本から３２０人の方々が参加されました。

　２００２年には日中国交回復30周年を記念して「日中医学大会２００２」が北京市で開催され、歯科分科会には日本から２００人の方々が参加され、さらに05年には「日中歯科医学大会２００５」が初めて上海で開催されました。両国の参加者は総勢６００人にもなりました。

このような歴史的経緯の積み重ねを経て、08年9月の北京オリンピックの年、中国の大躍進の年に「日中歯科医学大会２００８」が西安で開催されました。両国の出席者は総勢５６０人で、私は毎回学会の通訳と準備委員として、中国各地の現場視察、両国の学会準備の調整に尽力しました。多くの皆さまが大会の開催に向けてお力添えくださり、大会は無事に成功いたしました。私は協力いただいた皆さまに、今でも心から尊敬の念を覚えます。

25年間、日中国際学術交流についてさまざまな経験をいたしましたが、それらの一つ一つが私の人生の貴重な財産と考えています。日中歯科医学大会での経験は、節目の年の良い思い出の1ページとなることと思います。

◆

私の好きな言葉　感謝する心と言葉は幸せを招く。

（２０１１年3月1日付掲載）

母の日のプレゼント

◆森尾 郁子

5月の第2日曜日は母の日。地上か天上か、どちらにいても、母を想う日であることに変わりありません。

私の友人の一人は「子供の誕生日は全て母の日よ。だって頑張ったのは、その母親たちなのだから」と言っていますが、これはなかなか説得力のある主張だと思います。

大学院生のころ、後輩の女性と話していて、母の日のプレゼントに話題が及んだことがありました。彼女は小さいころ、母の日にエプロンを買ってお母さんに贈った。するとお母さんは「これ以上、私に働けというのか」と言ったというのです。この話を聞いて返す言葉に詰まったのを思い出します。私自身、学生のころはさんざん悩んだ揚げ句、2、3年に一度はエプロンの類を贈っていたような気がします。そんなことを考えて母親にエプロンを贈る子供はいるでしょうか。

だんだん年齢が上がってこの話を思い出すにつけ、そんな風に言われた子供がただもうかわいそうと思う気持ちとは、ちょっと違った捉え方をするようにもなりました。恐らく彼女も自分自身が働く母親になって、別な思いを抱くようになったと想像しています。

誰も優しいお母さんになりたいと思って、子供を産むと思います。しかし「エプロンをして台所で立ち働く優しいお母さん」のイメージとはかなり違う、戦う母、悩む母、叫ぶ母も当然いるのです。

母性は常にある種の犠牲を伴い、子供を産むのは大いなる賭けだと思います。賭けをする気になるかは、それぞれの女性の置かれた環境次第で、もちろん誰かに強いられるべきものでもありません。歯科医療の世界で働く女性の割合は増えていると思いますが、母親の割合は増えているのでしょうか。ちなみに先ほどの話のお母さんは歯科医師でした。そのことを聞いて、「そのころはそんなに忙しかったのか」とうらやむ向きもあるかもしれません。

でも、やはり母の日に子供からどんな物をもらっても、ニッコリできるような働き方ができていることを願わずにはいられません。

（2007年5月15日付掲載）

◆矢郷　香

女性の口腔外科医はS？

東京歯科大学を卒業して、慶應義塾大学医学部歯科・口腔外科学教室に入局したのはもう26年前のことである。同教室は、入局3年目で歯科班か口腔外科班かを選択しなくてはいけなかった。

入局試験の面接で、私は「一番好きな分野は？」という当時の歯科班トップの教授の質問に、逆根管充填剤についての卒業論文を書いたことと、入局したいとの下心から（？）、「歯内療法です」と答えた。

すると、口腔外科班のトップで尊敬する恩師・朝波惣一郎先生から、「じゃ、慶應でなくてもいいんじゃない？」とつっこまれてしまった。内心、しまった！口腔外科も好きですとなぜ答えなかったのかと後悔したのを、今でも覚えている。

無事、入局できたが、約40人の医局員中、女性は、現在、口腔顔面痛の第一人者として活躍中の井川雅子先生と私の二人だけだった。

研修医時代、朝波先生の下で口蓋の線維腫の切除手術を執刀させていただいたことで、メスを握って手術をすることが大好きになった。

さらに、大ベストセラー『手際のいい智歯の抜歯』の著者、笠崎安則先生から、「埋伏智歯の抜歯が上手」と言われ、顎変形症の手術も教えていただいて、すっかり口腔外科の魅力にはまってしまった。

先日、ある先生から「口腔外科の女の先生は、SかMかと言ったらSが多いよね？（あくまでも性格の話）、矢郷先生はどっち？」と質問されたので、「どちらかというと、やはりSですかね」と答えた。

誤解されてしまうと困るのではっきりさせておくが、私が超ドSだから口腔外科医になったわけではない。

口腔外科の道に進んだからには指導医をとろうと目標を立て、指導医になり、そして国際医療福祉大学三田病院歯科口腔外科部長になることができた。

現在、口腔外科学会会員数は約９７００人であるが（専門医１７７３人、指導医７９９人）、女性の指導医は18人のみである。

もっと多くの女性口腔外科指導医の誕生を強く望む。

（２０１２年４月10日付掲載）

日本歯科新聞「デンタル小町が通る」2004.4 ～ 2016.3

41人の連載期間一覧

倉治ななえ	2004年4月～2006年3月
宝田　恭子	2004年4月～2007年3月
天井　久代	2004年4月～2007年3月
野口いづみ	2004年4月～2007年3月
岡田　弥生	2006年4月～2007年3月
岩崎万喜子	2007年4月～2008年3月
萩原　洋子	2007年4月～2008年3月
森尾　郁子	2007年4月～2008年3月
山本由美子	2007年4月～2008年3月
坂本紗有見	2008年4月～2009年3月
平田　千恵	2008年4月～2009年3月
森　　榮	2008年4月～2009年3月
山城三喜子	2008年4月～2009年3月
井上美津子	2009年4月～2010年3月
浮谷　得子	2009年4月～2010年3月
平賀　順子	2009年4月～2010年3月
山崎　正子	2009年4月～2010年3月
七沢　久子	2010年4月～2011年3月
根本　京子	2010年4月～2011年3月
比嘉奈津美	2010年4月～2011年3月
方　　一如	2010年4月～2011年3月

安立　妙子	2011 年 4 月～ 2012 年 3 月
大原　庸子	2011 年 4 月～ 2012 年 3 月
佐野サヤカ	2011 年 4 月～ 2012 年 3 月
濱　　昌代	2011 年 4 月～ 2012 年 3 月
内田ゆき子	2012 年 4 月～ 2013 年 3 月
高野　博子	2012 年 4 月～ 2013 年 3 月
西尾佐和子	2012 年 4 月～ 2013 年 3 月
矢郷　　香	2012 年 4 月～ 2013 年 3 月
石塚ひろみ	2013 年 4 月～ 2014 年 3 月
奥田麻美子	2013 年 4 月～ 2014 年 3 月
熊谷　章子	2013 年 4 月～ 2014 年 3 月
山口　里恵	2013 年 4 月～ 2014 年 3 月
井川　雅子	2014 年 4 月～ 2015 年 3 月
大河内淑子	2014 年 4 月～ 2015 年 3 月
鈴木　エリ	2014 年 4 月～ 2015 年 3 月
鈴木千枝子	2014 年 4 月～ 2015 年 3 月
天川由美子	2015 年 4 月～
伊藤　智加	2015 年 4 月～
佐藤　穂貴	2015 年 4 月～
中島　潤子	2015 年 4 月～

（敬称略、2015年4月時点）

シンポジウム「デンタル小町は語る」

2005年12月に東京都港区の建築会館で開催したシンポジウムでは、初代「デンタル小町」の4氏の講演とディスカッションを行いました。

女性を中心に全国から参加者が集まり、今後の歯科医療における女性の可能性や連携の必要性などが話し合われました。

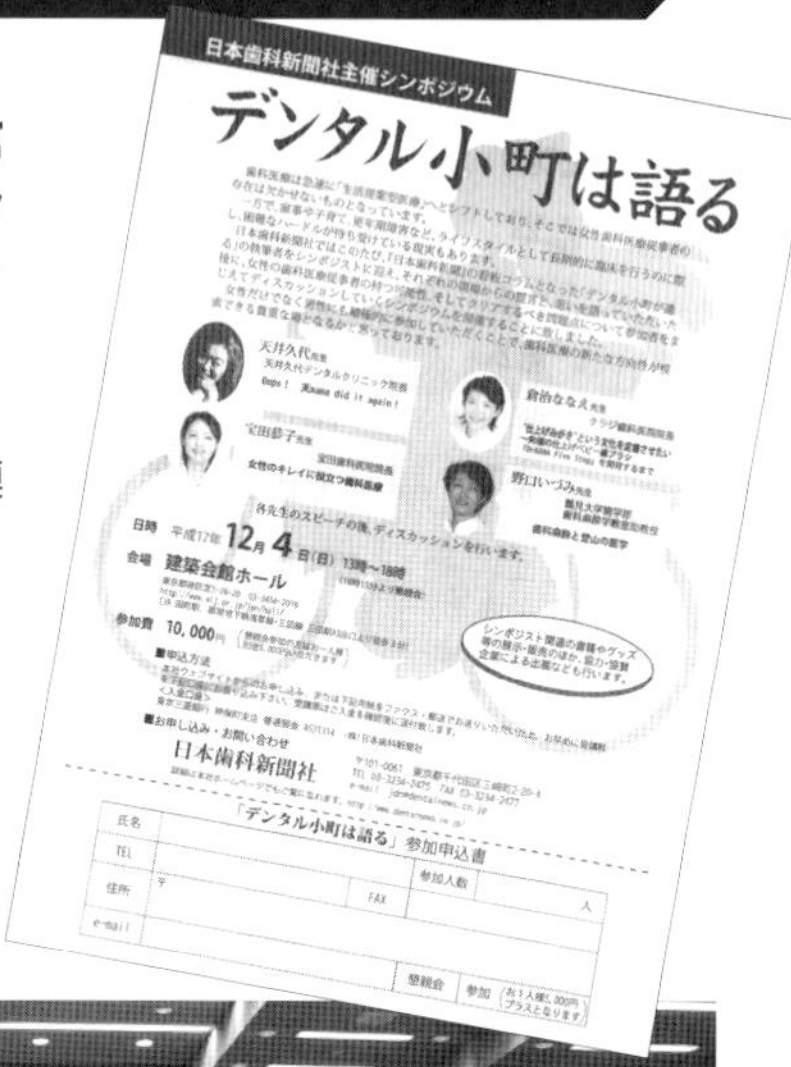

初代「デンタル小町」の（左から）宝田恭子氏、
天井久代氏、倉治ななえ氏、野口いづみ氏

今までの経験や講演活動、研究の結果などに
ついて講演が行われた

デンタル小町交流会

歴代「デンタル小町」が集結！

懇親深めディスカッションも

日本歯科新聞

2月16日

祝

日本歯科新聞社は、心から感謝し、
小町の皆様の未来を応援しております！

2014 年 2 月には執筆者の親睦、情報・意見交換を目的に、日本歯科新聞社 JDN セミナールームにて歴代「デンタル小町」の交流会を企画。16 人の先生方が参加してくださいました。

連日の大雪という悪天候の中、全国から小町が集結。大方が初対面にもかかわらず、意気投合する姿があちらこちらで見られた

自己紹介の後はグループに分かれ、臨床や経営での工夫や苦労、女性ならではの良かったこと、困ったことなどについてディスカッションした

おわりに

日本歯科新聞で「デンタル小町が通る」の連載がスタートしてから10年以上、「デンタル小町」としてコラムを執筆してくださった先生の数は40人を超えました。これだけ多くの先生方が毎週欠かさず紙面に登場し、日ごろの思いや経験を率直に語ってくださるおかげで、「小町」は多くの読者に支持される人気連載となりました。

「十人十色」といいますが、「小町」という名の下に集結した個性的な先生方それぞれが読者の心を引きつけていると感じています。先生方とのやり取りでは、あまりのパワフルさに気おされてしまったり、締め切りを過ぎたため原稿の催促をすると、「今、メールで三浦さんの〝み〟って打ってたところなの！」などと思いもよらないかわいらしい反応でうまくかわされてしまったり、今校正を送ったばかりと思ったら目を見張るスピードで確認完了の返事が来ていたり、思いやりのある言葉、細やかな心遣いで励まされたりと、たくさんの思い出があります。

今回の書籍の発行にあたっても、私のしつこい催促に「内容に満足して返事をするのを忘れてた♡」や「かわいい写真を送るから待っててネ」と明るく楽しいコメントを寄せてくださったり、こちらの配慮不足を指摘してくださったりと、いろいろありましたが、そうした思いを執筆者の皆さまが率直に伝えてくださるところも「小町」ならではの魅力だと感じています。仕事、家庭での役割、さまざまな活動をバリバリこなしながら、毎月、「小町」の原稿を届けてくださる先生方には、感謝の気持ちでいっぱいで、女性としてはもちろんのこと、人としても多くのことを学ばせていただいています。

最後になりましたが、デンタル小町の先生方へ。普段は不義理なのに、お願い事をする時ばかり連絡して申し訳ありません。先生方の力強く、広く大きな心に支えられていることに、この場を借りて、あらためて感謝申し上げたいと思います。

ありがとうございます。

そして今後とも、どうぞよろしくお願いいたします。

日本歯科新聞編集部　三浦美知子

女性歯科医師29人の診療と横顔　デンタル小町は語る

2015年11月8日　初版発行

■編　集　日本歯科新聞社
■発行者　水野純治
■発行所　株式会社 日本歯科新聞社
〒101-0061　東京都千代田区三崎町2-15-2
Tel 03（3234）2475 ／ Fax 03（3234）2477
http://www.dentalnews.co.jp
■印　刷　株式会社 平河工業社

ISBN978-4-931550-39-1